임제종풍

臨濟宗風

人天眼目 臨濟宗風

임제종풍
臨濟宗風

智昭和尚 撰
仁岠和尚 增集
惺巖 鄭錫胎 素譯
碧峙病叟 窃看
金津西江 監修

학자원

人天眼目 臨濟宗風 譯序

지소화상智昭和尙이 추집抽集한 『인천안목人天眼目』은 선림禪林 오종가풍五宗家風의 진면목眞面目을 추초抽艸하여 세우고, 보이고, 가리키며, 지우는 가르침의 요목要目을 드러낸 책이다. 이는 선문禪門에 뒷세상의 고족高足을 가리고, 설왕설래說往說來하는 말사末師의 병病을 지우는 천망天網의 지남指南이다. 지소화상智昭和尙 이후에 물초대관物初大觀화상이 증수增修하고, 무학대사無學大師가 존간尊刊하였으며, 청淸의 인거仁岠화상이 증집增集하여 오종가풍五宗家風을 실은 『인천안목人天眼目』이 오늘에 이른 것이다.

『인천안목人天眼目』의 내용은 별어別語를 둠으로 언어도단言語道斷의 길을 열고, 방할棒喝과 한 손가락을 퉁김으로 모습 없는 진면목眞面目을 드러내나니, 찾으면 있지 아니하고, 없애도 없지 아니한 도리道理를, 그때에 그 사람과 그 사람이 있어, 홀연忽然 가리켜 드러내나니, 오가五家의 대종사大宗師가 범부중생凡夫衆生을 위하여 상선上善의 기량伎倆을 토吐한 것이다. 본서本書에는 오종五宗의 대표적 일가一家인 임제종풍臨濟宗風을 들어 보이고자 한다.

연수여시然雖如是나 풍우風雨와 색로色露가 조하석운朝霞夕雲에

어지러운 시절時節이라, 야구野狗가 떼 지어 짖어대며 천룡天龍의 보성寶聲이라 우긴 지 오래다. 돌아보면 약간의 선사禪師 흉내를 내어 형기形氣의 그림을 그리고는 선지禪旨라 하고, 곳곳에 종사宗師라 자처하는 자가 문호門戶를 세우고는, 스스로 "반드시 차언차로此言此路"라 일컬으나 그 내용內容과 언행言行이 가소可笑로운 바가 백百에 구십구분九十九分이라 하겠다.

지금 세상에도 어찌 숙세宿世의 선근善根이 없겠는가? 그러나 그 때를 얻지 못하면 다시 밝히기 쉽지 않고, 대체大體를 밝혔어도 드밝은 지혜智慧가 아니라면 벽지불辟支佛의 견해라, 조사선문祖師禪門에 그 쓰임이 어렵다. 지혜智慧가 드밝은 그 사람은 자품資品이 소박素朴하고 천연天然하여 겉치레를 싫어하며, 다만 해맑은 도안道眼으로 법종法宗을 보이고 설說하나니, 곧 인천人天의 스승이다. 범부로 하여금 인천안목人天眼目을 지우고 청정각명淸淨覺明을 회복回復하게 하는 것이 이 책의 목적이라 하겠다.

현금現今에 진세塵世를 멀리하고 공부工夫에 나아간 이들 가운데, 필경 용안봉익龍眼鳳翼의 걸사傑士가 있을 것이다. 그러한 이가 스스로 회광반조廻光返照하여 약간若干의 자득自得이 있다고 여기면, 참다이 『인천안목人天眼目』 속의 백문묘의百門妙意를 일시一時에 타파打破함으로써 견처見處를 삼아야 할 것이다.

『인천안목人天眼目』 속에는 지난 천여년千餘年 동안의 혜안걸사慧眼傑士의 소요처逍遙處와 활안구活眼句가 있나니, 학자는 간과看過하지 마실지라, 일월日月을 손가락 끝에 놀리시고, 모습을 감추고서 천여년을 설說하시되 오직 무위법無爲法을 나투셨나니라.

그대는 보시는가? 그대는 들으시는가?

만약 당금의 보고 들음에 드밝게 성성惺惺하지 못하다면, 조사祖師와 큰 스승의 법약法藥을 받아 진실眞實되이 복용服用할지어다. 그대의 공부노정工夫路程을 존숭하여 말씀 올리나니, 지금의 그대가 아니면 누가 뒷세상의 빛이 되시겠는가? 지금의 그대가 아니면 누가 뒷세상을 이끄시겠는가?

須彌峰 老松가지에
玲瓏한 甘露가 맺혔나니
누가 있어 遽然히 마실 것인가?
今晁에 이는 林浪의 푸른 물결
乾坤을 呑吐하도다!
山僧은 돌아앉아
그저 지우고
또 지움에 居處하나니
淸香萬里에 常春이라,
玄玄客은 어디를 向하는고!
噫! 又噫!

2020년 松雪節 吉祥窟에서 金津西江 焚香 謹書

臨濟宗風 次序

본서 『인천안목人天眼目 임제종풍臨濟宗風』은 오가종풍五家宗風 가운데 임제종풍臨濟宗風만을 번역한 것이다. 처음에 인거화상仁岠和尙의 인천안목人天眼目 증집본增集本 전체를 번역할 계획이었으나, 근자에 지소화상智昭和尙의 『인천안목 국역본』이 출간된 것을 보고 중첩을 피하고자 하였다. 조사오의祖師奧義의 번문飜文을 다듬고, 그 뜻을 이어 간결히 드러내어 임제종풍臨濟宗風을 천양闡揚하고자 하는 바이다.

해동海東 임랑林浪의 묘관음사妙觀音寺는 혜월화상慧月和尙의 법法을 이은 운봉화상雲峯和尙이 그 터를 정하고 향곡화상香谷和尙에게 법을 전한 곳이다. 뒤이어 묘관음妙觀音에서 향곡화상이 무연청지無緣淸知의 선풍禪風을 드날렸다. 묘관음妙觀音의 청정가풍淸淨家風은 임제종풍臨濟宗風의 요묘要妙를 계승하여 벽안선객碧眼禪客의 일기一機만을 귀히 여기고, 그 밖의 노정路程과 수행修行은 묻지 아니한다. 구이지학口耳之學을 멀리하며, 또한 유위有爲의 닦음[修]을 두지 않나니, 이러함이 묘관음妙觀音의 가풍家風이라 하겠다.

『인천안목人天眼目』 3권 1책은 조선개국 삼년 후인, 1395년 무학대사無學大師가 회암사檜巖寺에서 간행하여 조선의 선객禪客과 선비들에게 널리 읽혔다. 1500년대에 억불정책에도 불구하고 해맑은 선비들이 『인천안목人天眼目』과 『나옹집懶翁集』, 『능엄경楞嚴經』과 『원각경圓覺經』을 즐겨 읽은 바탕에 힘입어 득력하였다. 청송聽松 성수침成守琛과 휴암休庵 백인걸白仁傑과 일재一齋 이항李恒 그리고 남명南冥 조식曺植과 대곡大谷 성운成運과 소재穌齋 노수신盧守愼과 율곡栗谷 이이李珥 그리고 상촌象村 신흠申欽 등이 묵좌默坐와 간경看經에 힘써 혹 개오開悟하고 혹 지견知見이 열렸다. 그 중에 소재穌齋노수신盧守愼의 한음閑吟에 『인천안목人天眼目』의 문흔文痕이 가장 뚜렷하다.

무학대사가 회암사에서 1395년 간행한 『인천안목人天眼目』은 보물 제640호로 지정되었으며, 발문跋文은 이색李穡이 썼다. 임제종풍臨濟宗風을 표상表象하며 무위無爲의 수행修行과 박소樸素의 일상日常에 거처하는 서강화상西江和尙이 원력을 일으키더니 마침내 인천안목의 진본眞本을 묘관음사에 소장所藏하게 되었다. 오늘에 펴내는 『인천안목人天眼目 임제종풍臨濟宗風』은 허다히 출간되는 불서佛書와는 그 궤軌를 달리한다. 본서는 조사祖師와 선사禪師들의 직지直指의 게구偈句로써 상선上善의 경지境地로 계도啓導하고, 드밝은 방편선지方便禪旨로써 공부의 경지境地를 가름하는 바가 간절懇切하고도 친절親切하다. 그 취사取捨는 참구參究하고 읽는 이의 몫이라 하겠다. 위의 말로써 차서次序를 삼는다.

2020年 寒月明夜에 碧峙病叟 識

人天眼目 智昭 序

내가 유방遊方할 때 이르는 곳마다 정성을 다하여 존숙尊宿에게 오가종五家宗의 강요綱要를 자문하니, 가지가지 조목條目이 많아서 또한 알지 못하는 것이 있었다. 인하여 개연慨然히 생각하기를, 이미 스승의 자리를 차지하고서도 강요綱要의 어구語句조차도 오히려 그 이름을 모르거늘, 그 지결旨訣이야 말할 것이 있겠는가. 장차 어떻게 후인後人을 계도啓導해서 의심의 꺼풀을 벗겨낼 수 있겠는가. 그래서 강요에 뜻을 둔 것이 거의 20년이었다.

혹 유편遺編에서 보기도 하고, 혹 단갈斷碣에서 얻기도 하고, 혹 존숙尊宿의 설명에서 듣기도 하고, 혹 노승老僧이 남긴 게송偈頌에서 얻기도 하여 무릇 오가종五家宗의 강요綱要는 필사해 소장하여 비록 큰 권축卷軸을 이루었지만 능히 상정詳定하지 못하였다. 만년에 천태산天台山 만년사萬年寺에 이르러 비로소 그 뜻을 이루고 편집하고 분류해서 오종五宗으로 나누어 마침내 『인천안목人天眼目』이라고 이름을 붙였다.

그 말은 모두 한결같이 선배先輩가 지은 것에 의거하고 감히 더하거나 빼지 않았다. 그러나 이 책이 위로 여러 대덕大德이 중생을 이롭하려고 베푼 것을 따르고 이미 내 마음속의 논의가 아니므로, 세상에 유통시킨들 무슨 나무람이 있겠는가. 만일 불자拂子를 들고 스승의 자리를 차지한 사람이 이 책을 제외한다면 사정邪正을 변별해 밝힐 수 없을 것이니, 식견識見이 있고 견문見聞이 넓은 사람은 인가認可를 할 것이다.

南宋 戊申年1188 늦겨울 월산에서 晦巖智昭가 쓰다.

增集 人天眼目 仁岊 序

가섭迦葉은 일소一笑로 도道를 전해 받고, 신광神光은 삼배三拜로 정수精髓를 얻었으니, 그때 주빈主賓·현요玄要·편정偏正·군신君臣은 일찍부터 이미 중국에 유포되어 있었다. 어쩔 수 없이 근기에는 이둔利鈍과 심천深淺이 있어서 총명한 사람은 많아도 견성見性한 사람은 적으니, 이 때문에 오종五宗의 조사祖師들이 때를 타고 출현하고, 또 강종綱宗의 법약法藥을 베풀어서 구제하지 아니할 수 없었던 것이다.

그러나 조사祖師들이 과도하게 제방堤防을 만들어 놓았으니, 진실로 종지宗旨를 투득透得하지 않으면 견성見性이 원만하지 못하여 대법大法을 끝내 밝히기 어려운데, 어떻게 인천안목人天眼目으로 곡록曲彔에 웅크리고 앉아서 선지식善知識이라고 칭할 것인가.

옛날 길상원실吉祥元實이 천의법총天衣法聰에게 참문參聞하였더니, 천의법총天衣法聰이 오위五位의 오지奧地에 대하여 질문하였다. 길상원실이 말하기를 "저는 이 안에 일위一位가 있어서 소매를 떨치고 떠나가지 않습니다."라고 하자, 천의법총이 말하기를 "이 사내가 이렇게 견처見處가 있거늘, 종지宗旨를 모르는 것은 어찌 된 것인가?"라고 하였다. 그 다음날 방에 들어가자, 천의법총이 걸행乞行하는 사람 5인을 모두 불러 상좌上座에 앉혀 놓았더니, 길상원실은 자신도 모르게 계오契悟하게 되었다. 이로 보건대, 종지宗旨란 진실로 고금에 죽어가는 사람도 기사회생시킬 수 있는 아가타阿伽陀와 같은 대명약이니, 어찌 먼저 힘쓰지 않을 것인가.

송나라 회암지소晦巖智昭의 『인천안목人天眼目』 한 책은 오종이 문호를 나누어 가르침을 전한 내용을 연이어서 밝혀놓았으니, 상세하고 다하였다고 할 수 있을 것이다. 애석하다. 중간에 반을 강포한 사람들이 어지럽혀 놓았는데, 혹 삼생三生을 위앙종潙仰宗의 종지宗旨라고 하고, 혹 육상六相을 법안종法眼宗의 문정門庭이라고 하며, 심지어는 빈주賓主는 조동종曹洞宗과 임제종臨濟宗이 차이가 없다하고 군신君臣은 배합配合한 오류가 있나니, 못을 치고 아교로 붙인 듯 견고하여 깨뜨릴 수 없게 되었다.

오백 년 만에 백암白巖이 중정重訂하게 되면서 한 차례 진시황秦始皇을 친 철퇴를 휘둘러, 비로소 그 벽옥처럼 소중하게 여기는 문호의 종지宗旨라는 것을 깨뜨리게 되었다. 그러나 또한 이 정도에 그쳤고, 원명元明 이래로 속집續集이 나오지 않아 끝내 흠결을 가진 책이 되고 말았다. 그리하여 불민한 내가 그 책을 취하여 고정考訂하여 쓸데없는 것은 걸러내고, 빠진 것은 증보하고, 복잡하게 뒤엉켜서 들어가기 어려운 것은 또 좇아서 통하게 하였다. 비록 감히 대전大全이라고 부를 수는 없지만, 구본舊本과 비교해 볼 때, 자못 자상하게 되었다. 인하여 출판에 부쳐서 천하에 유통시키니, 천하

사람들이 좋아하여 좇는다면, 거의 조사들에게 유감이 없다고 이를 수 있을 것이다.

강희康熙 계미년1703 11월 19일에

기주蘄州 태춘泰春의 사문沙門 인거자부씨仁岠紫莩氏는

회계會稽 후산吼山의 채국당採菊堂에서 쓰노라

次例

人天眼目
卷壹
臨濟宗風

임제종臨濟宗

임제선사臨濟禪師의 휘諱는 의현義玄이고, 조주曹州 남화현南華縣 출신이며, 속성은 형씨邢氏이다. 어려서는 남달리 총명하였고, 장성해서는 효행으로 칭찬을 받았다. 출가하여 삭발하고 구족계具足戒를 받고는 강사講肆에 머물면서 비니毘尼를 정밀하게 궁구하고, 경론經論을 널리 탐구하다가 홀연 탄식하여 말하기를 "이것은 세상을 구제하고 마음을 치료하는 처방이지 교외별전敎外別傳의 뜻이 아니니다."라고 하고는, 곧바로 옷을 갈아입고 유방遊方에 나섰다.

먼저 황벽희운선사黃蘗希運禪師에게 참문參聞하고 그 다음 고안대우선사高安大愚禪師를 만나 뵈었는데, 그 서로 만난 시절인연의 어구語句는 행록行錄에 실려 있다. 황벽선사의 인가認可를 받고는 이윽고 하북성河北省 진주鎭州 동남쪽에 이르러 호타하滹沱河 강가 소원[臨濟院]의 주지를 맡았으니, 임제臨濟라는 이름은 그 지역 임제촌臨濟村이라는 이름 때문에 붙여진 것이다.

당唐나라 함통咸通 8년(867) 丁亥年 4월 10일 선사는 옷을 단정히 하고 좌구坐具에 의지하여 제자 삼성원三聖院 혜연선사慧然

禪師와의 문답을 마치고 고요히 떠났다. 문인들이 선사의 전신全身으로 대명부大名府 서북쪽에 탑을 세웠다. 당나라 의종懿宗이 칙서로 내린 시호諡號는 혜조선사慧照禪師이고, 탑호塔號는 징령澄靈이다.

■ 임제종臨濟宗은 달마대사達磨大師의 11세손이요, 육조六祖 혜능대사惠能大師의 6세손인 임제의현臨濟義玄으로부터 일어났다. 오가종五家宗에서 세 번째로 홍기興起하였다.
상근기上根機의 돈오법頓悟法이 오조五祖 홍인弘忍과 우두법융牛頭法融까지 점점點點이 이어오다가 육조 혜능에 이르러 오대종장五大宗匠이 나타나고, 다섯 곳에서 종지宗旨와 방편方便을 설하나 불지佛智에 훼손이 없이 드밝게 무심無心과 무위無爲를 전하였다. 이어 마조馬祖-백장百丈- 황벽黃檗에 이어 임제선사臨濟禪師가 나타나, 그때[其時]와 그 사람[其人]을 얻어 무심종풍無心宗風을 드높였다. 그때[其時]란 상근上根의 수행자가 수백 인이 나타남이요, 그 사람[其人]이란 숙세宿世의 선근인 보화존자普化尊者와 극부선사克符禪師가 외호外護함과 일할一喝과 일방一棒 아래에 문득 돈오문頓悟門을 연 숙세선근宿世善根을 이른다. 보화존자普化尊者는 반산보적盤山寶積의 문인이요, 극부선사克符禪師는 임제의 문인이다.
임제臨濟의 지종指宗과 사료간四料簡, 삼구三句, 삼현三玄, 사할四喝 등의 방편설方便說에 힘입어 문자반야인文字般若人이 관조반야觀照般若에 들고, 관조반야인觀照般若人이 실상반야實相般若에 들어 수행자의 모범이 되고, 인천안목人天眼目의 스승이 되어 뒷날의 사표師表가 된 것이다. 오늘에 오가종五家宗 가운데 사가四家는 대체로 그 맥이 끊어지고, 오직 임제종풍臨濟宗風만이 홀로 불지佛智의 정전正典을 전하는 것이다.

第1章
사료간 四料揀

임제선사臨濟禪師가 처음 하북성 진주에 와서 임제원臨濟院의 주지를 맡고 보화普化와 극부克符 두 상좌를 만나보고는 말하기를 "내가 이곳에다 황벽선사의 종지宗旨를 세우고자 하나니, 너희 두 사람이 나를 대신해 그 뜻을 이룰지어다.[我欲於此建立黃蘗宗旨, 汝可成褫我]"라고 하자, 두 사람이 진중하게 그 말씀을 받들고 내려갔다.

삼일 뒤에 보화普化가 문득 올라와서 묻기를 "스님께서 삼일 전에 무엇을 말씀하셨습니까?[和尙三日前說甚麼]"라고 하자, 선사禪師가 바로 몽둥이로 때렸다. 삼일 뒤에 극부克符가 올라와서 묻기를 "스님께서 저번에 보화普化를 때린 것은 무엇을 하시려 한 것입니까?[和尙昨日打普化作甚麼]"라고 하자, 선사禪師가 또 몽둥이로 때렸다.

선사禪師가 저녁이 되어 소참小參에서 법문하기를 "나는, 때로는 사람을 빼앗고 경계境界를 빼앗지 않으며, 때로는 경계境界를 빼앗고 사람을 빼앗지 않으며, 때로는 사람과 경계境界를 모두 빼앗으며, 때로는 사람과 경계境界를 모두 빼앗지 않는다.[我有時奪人不奪境 有時奪境不奪人 有時人境俱奪 有時人境俱不奪]"라고 하였다.

극부克符상좌가 문득 묻기를 "어떤 것이 사람을 빼앗고 경계境界를 빼앗고 않는 것입니까?[如何是奪人不奪境]"라고 하자, 선사禪師가 답하기를 "봄볕이 싹을 틔워 땅은 온통 비단이고, 어린아이 머리털은 백발처럼 하얗다오.[煦日發生鋪地錦 嬰兒垂髮白如絲]"라고 하였다.【대혜종고大慧宗杲가 말하기를 "이 두 구에서 제1구는 경계를 남긴 것이고, 제2구는 사람을 빼앗은 것이다.[此二句 一句存境 一句奪人]"라고 하였다.】

극부克符가 또 묻기를 "어떤 것이 경계境界를 빼앗고 사람을 빼앗지 않은 것입니까?[如何是奪境不奪人]"라고 하자, 선사禪師가 답하기를 "왕명王命이 온 천하에 이미 널리 내려지고, 장군將軍은 전란 그친 변방에 남아 있네.[王令已行天下遍 將軍塞外絶烟塵]"라고 하였다.【대혜종고大慧宗杲가 말하기를 "제1구는 경계를 빼앗은 것이고, 제2구는 사람을 남긴 것이다.[上句奪境 下句存人]"라고 하였다.】

극부克符가 또 묻기를 "어떤 것이 사람과 경계境界를 모두 빼앗은 것입니까?[如何是人境俱奪]"라고 하자, 선사禪師가 답하기를 "병주幷州와 분주汾州에서 소식이 끊어지고, 나만 홀로 한 곳에 오롯이 처해 있네.[幷汾絶信 獨處一方]"라고 하였다.【대혜종고大慧宗杲가 말하기를 "여기에 바로 사람과 경계境界를 모두 빼앗은 본래면목本來面目이 있다.[便有人境俱奪面目]"라고 하였다. 또 말하기를 "내가 처음 제가諸家의 선어록禪語錄을 읽다가 '병분기신幷汾紀信'이라는 구절을 보고, 이것이 무슨 뜻인지 깊이 의심하여 비록 여러 노숙老宿에게 물어보았지만, 하는 말이 모호하여 무슨 뜻인지 알 수 없었다. 임제어록을 열람해 보고는 사실을 기록한다는 의미의 '기신紀信'이 소식이 끊겼다는 의미의 '절신絶信'의 오기誤記이니, '병분幷汾'은 병주幷州와 분주汾州 두 곳의 지명임을 알게 되었다. 극부가 '사람과 경계 둘 다 모두 빼앗은 것[人境兩俱奪]'에 대한 물음에 선사禪師가 '나만 홀로 한 곳에 오롯이 처해 있네.[獨處一方]'라고 답하였으니, 그 뜻이 환해지고서야 여러 선사禪師들의 문집文集에 모두 오기誤記가 있음을 알게 되었다.】

극부克符가 또 묻기를 "어떤 것이 사람과 경계境界를 모두 빼앗지 않은 것입니까? [如何是人境俱不奪]"라고 하자, 선사禪師가 말하기를 "임금은 보전에 오르고, 촌로는 태평가를 부른다오.[王登寶殿 野老謳歌]"라고 하였다.【대혜종고大慧宗杲가 말하기를 "이것이 사람과 경계境界 둘 다 모두 빼앗지 않은 것이다.[此是人境俱不奪也]"라고 하였다.】

- 보화普化, ?~861 : 반산보적盤山寶積의 문인으로, 임제臨濟선사를 외호外護하다. 그의 별행別行과 임종臨終을 시현示現이라 전한다. 보화의 게송에 "밝음으로 오면 밝음으로 치고, 어둠으로 오면 어둠으로 치고, 사방팔면으로 오면 회오리바람처럼 치고, 허공으로 오면 벗겨질 때까지 연하여 친다.[明頭來明頭打 暗頭來暗頭打 四方八面來旋風打 虛空來連架打]"라고 하였다.
- 극부克符 : 임제臨濟의 문인이다.

■ 대혜종고大慧宗杲, 1089~1163 : 원오극근圓悟克勤, 1063~1125의 문인이다. 혜홍각범慧洪覺範을 참알, 장상영張商英과 거량, 공안선公案禪을 고취하였다.

극부克符의 게송

奪人不奪境 탈인불탈경
緣自帶諸訛 연자대효와
擬欲求玄旨 의욕구현지
思量反責麼 사량반책마
驪珠光燦爛 여주광찬란
蟾桂影婆娑 섬계영파사
覿面無回互 적면무회호
還應滯網羅 환응체망라

사람을 빼앗고 경계境界 아니 빼앗았나니
스스로 그릇됨을 가지고 있어서라
현묘玄妙한 종지宗旨를 구하려고 할진댄
헤아려서 도리어 찾으려 하는 건가.
검은 용龍의 여의주 그 빛이 찬란하고
달 속의 계수나무 그림자 흔들흔들
뵈었을 땐 마음속의 굽은 것이 사라지나
도리어 언어言語의 그물에 갇힌다오.

【대혜종고가 말하기를 "이 송頌의 대체大體는 '검은 용龍의 여의주如意珠 그 빛이 찬란하고, 달 속의 계수나무 그림자 흔들흔들.' 이라고 한 두 구句에 있으니, 이 두 구句가 바로 경계境界이다. 학인이 '자신을 빼앗고 경계境界를 빼앗지 않은 것'에 대해 묻고는, '현묘玄妙한 종지宗旨를 구하려고 할진댄, 헤아려서 도리어 찾으려 하는 건가.'라고 하였으니, 현묘한 종지의 대의大意는 오직 헤아려 짐작할 수 없는 것이다. 헤아려 짐작한 것은 학인이 뵙고서 그 하나의 열매를 바치고 나면, 문득 언어言語의 그물에 갇히게 되는 것이다.[此頌大概在驪珠光燦爛蟾桂影婆娑之上　蓋此二句是境也　學人問奪人不奪境　擬欲求玄旨思量反責麼　大意只是不可思量擬議　思量擬議　學人蹉却覿面相呈一著則被語言羅網矣]"라고 하였다.】

奪境不奪人 탈경불탈인
尋言何處眞 심언하처진
問禪禪是妄 문선선시망
究理理非親 구리리비친
日照寒光澹 일조한광담
山遙翠色新 산요취색신
直饒玄會得 직요현회득
也是眼中塵 야시안중진

경계를 빼앗고 사람 아니 빼앗았나니
언어言語로 찾아본들 어느 곳이 참이런가.

선禪을 묻노니 선禪이 바로 망상妄想이라
이치를 궁구한들 이치 몸에 붙지 않을세라.
비치는 밝은 해 맑은 빛이 담담淡淡하고
아득한 청산은 푸른빛이 새로워라.
현묘玄妙한 깨달음을 얻었다고 하나
그 또한 눈 안에 든 티끌일 뿐이어라

【대혜종고가 말하기를 "'해가 환히 비치니 맑은 빛 담담淡淡하고, 산을 빙 둘렀나니 푸른빛이 새로워라.'라고 한 것을 이해하려고 하는가? 이 두 구는 바로 경계境界이다. '현묘玄妙한 깨달음을 얻었다고 하나, 그 또한 눈 안에 든 티끌일 뿐이어라.'라고 한 것은 바로 경계境界를 빼앗은 것이다.[要會日照寒光澹 山搖翠色新麽 此二句是境 直饒玄會得 也是眼中塵 便奪了也]"라고 하였다.】

人境兩俱奪 인경양구탈
從來正令行 종래정령행
不論佛與祖 불론불여조
那說聖凡情 나설성범정
擬犯吹毛劍 의범취모검
還如值目盲 환여치목맹
進前求解會 진전구해회
特地斬精靈 특지참정령

사람과 경계境界를 둘 다 모두 빼앗았나니
본래本來부터 바른 명령[正令] 행해지고 있었다오.
부처[佛]이든 조사祖師든 누구를 막론하고
성인과 범부의 정情을 설명을 하였으랴.
터럭 자를 명검[吹毛劍]을 범하려는가?
도리어 눈먼 사람 만난 것 같으리라
나아가서 깨우침을 구하려고 할진댄
무엇보다 정령精靈을 베 버려야 하리라

■ 정령精靈 : 정식精識이다. 정식精識은 미세망상微細妄想이다.

【대혜종고가 말하였다. "바른 명령正令이 이미 행해져서 부처[佛]고 조사祖師고 남아 있지 않으므로, 이곳에 다다르면 나아가고 물러남에 성명性命이 모두 사가師家의 손안에 있으니, 터럭을 자를 명검과 같아져서 그 칼날을 범할 수 없는 것이다.[正令旣行 不留佛祖 到這裏進之退之 性命總在師家手裹 如吹毛劍 不可犯其鋒也]"】

人境俱不奪 인경구불탈
思量意不偏 사량의불편
主賓言不異 주빈언불이
問答理俱全 문답이구전
踏破澄潭月 답파징담월

穿開碧落天 천개벽락천

不能明妙用 불능명묘용

淪溺在無緣 윤닉재무연

사람과 경계境界를 모두 아니 빼앗았나니

헤아리는 뜻 치우침이 아니거니.

주인主人과 손님[客]의 말이 다름없고

묻고 답을 해준 것에 이치 온전하네.

맑은 못에 비친 달빛 밟아서 깨뜨리고

벽공碧空이라 저 하늘 뚫어서 여나니.

묘용妙用을 밝히지 못하면

무연無緣 가운데 빠짐이라.

【대혜종고가 말하였다. "만약 임제선사의 뜻을 분명하게 이해하려면, 그 당시에 가르침을 내리신 곳에서 살펴보라.[若要分明理會得臨濟意 但向當時垂示處看]"】

임제선사臨濟禪師가 대중에게 설법하였다.

"제방에서 학인學人이 찾아오면 산승山僧은 여기서 세 가지 근기根機로 판단을 한다. 만일 중하中下의 근기根機가 오면 나는 그 경계境界를 빼앗고 그 법法을 빼앗지 않으며, 혹 중상中上

의 근기가 오면 나는 경계境界와 법法을 모두 빼앗으며, 만일 상상上上의 근기가 오면 나는 경계境界와 법法과 사람[人]을 모두 빼앗지 않을 것이다. 만일 출격장부出格丈夫의 견해를 가진 이가 오면 나는 여기서 전체全體와 대용大用으로 하되, 근기根機를 거치지 않을 것이다. 대덕大德은 이곳에 이르러 학인들이 힘쓰는 곳에 바람도 통하지 않도록 해야 할 것이니라, 전광석화電光石火 같은 순간에도 바람이 곧바로 지나가고 말 것이니. 학인들은 만일 안목眼目의 움직임을 안정시키려거든 바로 교섭交涉을 없애야 할 것이다.[如諸方學人來 山僧此間作三種根器斷 如中下根器來 我便奪其境而不除其法 或中上根器來 我便境法俱奪 如上上根器來 我便境法人俱不奪 如有出格見解人來 山僧此間便全體作用不歷根器 大德到這裏 學人著力處不通風 石火電光即蹉過了也 學人若眼目定動 即沒交涉]"

【종주宗主가 가르침을 내린 곳에서 선사禪師라고 칭함은, 이곳에서 임제선사臨濟禪師라고 한 것처럼 모두 해당 종주宗主를 가리킨다.】

남원혜옹南院惠顒이 제자 풍혈연소風穴延昭에게 묻기를 "너는 네 가지로 가려 취하는 것에 대해 말해 보라. 가려 취하는 것은 무슨 법인가? [汝道四料揀 料揀何法]"라고 하자, 풍혈연소가 대답하기를 "무릇 언어言語는 범정凡情에 막혀 있지 않으면 바로 성해聖解에 떨어지고 마니, 학인들의 큰 병통이기에 선성先聖께서 슬퍼하여 그들을 위해 방편을 베풀기를 마치 쐐기를 가지고 쐐기를 뽑듯이 하였습니다.[凡語不滯凡情 旣墮聖解 學者大病 先聖哀之 爲施方便 如楔出楔]"라고 하였다.

■ 남원혜옹南院惠顒, 860~930 : 흥화興化존장存奬의 문인이다.

■ 풍혈연소風穴延昭, 904~975 : 남원혜옹南院惠顒의 문인이다.

남원혜옹이 또 묻기를 "어떤 것이 사람을 빼앗고 경계를 빼앗지 않은 것인가?[如何是奪人不奪境]"라고 하자, 풍혈연소가 대답하기를 "붉게 달군 풀무에서 탄환彈丸 새로 만들어서, 스승님 무쇠 철문 부수어 버립니다.[新出紅爐金彈子 簉破闍黎鐵面門]"라고 하였다.

[수산성념首山省念 등 모든 이의 답答을 첨부하면]

수산성념首山省念이 말하기를 "사람들 앞에 잡아 내와, 멀리 천 봉우리 밖으로 보내버립니다.[人前把出 遠送千峯]"라고 하였으며,

■ 수산성념首山省念 : 풍혈연소風穴延沼의 문인이다.

■ 수산성념首山省念선사에게 어떤 중이 물었다. "일체 모든 부처님이 이 경經으로부터 나왔다고 하시니 어떤 것이 이 경經입니까?" 수산 선사가 말하였다. "조용조용하라!"[首山이 因僧이 問호대 一切諸佛이 皆從此經出하시니 如何是此經고하야 師曰低聲低聲하라]

법화전거法華全擧가 말하기를 "흰 국화 잠시 피어 중양절 따뜻해도, 백년인생 공자는 봄을 맞지 못한다오.[白菊乍開重日暖 百年

公子不逢春]"라고 하였으며,

■ 법화전거法華全擧 : 분양선소汾陽善昭의 문인이다.

자명초원慈明楚圓이 말하기를 "신회神會는 일찍이 보적비普寂碑를 갈았다오.[神會曾磨普寂碑]"라고 하였으며,

■ 자명초원慈明楚圓 : 분양선소汾陽善昭의 문인이다.

도오오진道吾悟眞이 말하기를 "암자에서 한가로이 정좌하나니, 산마루에 흰 구름 일어나누나.[菴中閑打坐 白雲起峯頂]"라고 하였으며,

원오극근圓悟克勤이 말하기를 "노승은 눈 있어도 일찍이 본 적 없네.[老僧有眼不曾見]"라고 하였으며,

달관담영達觀曇穎이 말하기를 "집에서는 돌아올 날 소식이 없고 보니, 길은 먼데 부질없이 망향 팻말 서 있다오.[家裏已無回日信 路遙空有望鄕牌]"라고 하였으며,

■ 달관담영達觀曇穎 : 북송말의 인물이다. 『임간록林間錄』에 보이나 생몰生沒에 대한 기록이 없다. 어떤 중이 달마대사의 전법게에 번역자가 안 보인다고 하자, 달관담영이 말한다. "달마대사가 양무제에게 확연무성廓然無聖이라 하고, 그대는 누구인가?라는 물음에 '모른다.'라고 하였다. 그리고 전법게를 남겼다." 달마의 전법게傳法偈를 본다. "내가

이 땅을 찾아온 본의는, 전법傳法하여 정情에 미迷한 중생을 건지기 위함이다. 한 꽃봉오리에 다섯 개 꽃잎 피니, 열매가 절로 여리리라.[吾本來此土 傳敎救迷情 一花開五葉 結果自然成]

석문온총石門蘊聰이 말하기를 "산하대지로다.[山河大地]"라고 하였다.

■ 석문온총石門蘊聰 : 곡은온총谷隱蘊聰을 말한다.

남원혜옹南院惠顒이 또 묻기를 "어떤 것이 경계境界를 없애고 사람[人]을 없애지 않은 것인가?[如何是奪境不奪人]"라고 하자, 풍혈연소가 대답하기를 "꼴풀 싹을 틔우자마자 머리가 갈라지고, 쌓인 구름 막 걷혀도 그림자 외려 남아 있네.[芻草乍分頭腦裂 亂雲初綻影猶存]"라고 하였다.

수산성념首山省念이 말하기를 "때려도 일찍이 성낸 적이 없었더라도, 원한 맺은 집안은 벗어나기 어려워라.[打了不曾嗔 冤家難解免]"라고 하였으며,

법화전거法華全擧가 말하기를 "대지大地에는 소식이 끊어졌나니, 초연超然히 나만 홀로 천진天眞이라오.[大地絶消息 翛然獨任眞]"라고 하였으며,

자명초원慈明楚圓이 말하기를 "호리병 속 별천지를 모름지기

믿어야하네.[須信壺中別有天]"라고 하였으며,

도오오진이 말하기를 "번쩍이는 붉은 명정 흩어져 가고, 선동仙童은 친절하게 길 알려주네.[閃爍紅旗散 仙童指路親]"라고 하였으며,

원오극근圓悟克勤이 말하기를 "스승님의 질문 얻어 저절로 친근하네.[闍黎問得自然親]라고 하였으며,

달관담영達觀潭影이 말하기를 "창해滄海를 바닥까지 나 마르게 해 버리고, 청산靑山을 맷돌에 갈아 먼지를 만드누나.[滄海盡教枯到底 青山直得碾爲塵]"라고 하였으며,

석문온총이 말하기를 "번인蕃人은 털 장막을 잃어버렸네.[番人失氈帳]"라고 하였다.

■ 번인蕃人 : 번족蕃族, 곧 오랑캐를 말한다. 번番은 번蕃과 통용이다.

남원혜옹이 또 묻기를 "어떤 것이 사람[人]과 경계境界를 모두 없앤 것인가?[如何是人境俱奪]"라고 하자, 풍혈연소가 대답하기를 "한발 한발 나아가서 모름지기 서두르고, 채찍 치고 고삐 당겨 늦추지 말지어다.[躡足進前須急急 促鞭當鞅莫遲遲]"라고 하였다.

수산성념이 말하기를 "만인萬人이 무덤 하나 만들었더니, 당시 사람 모두가 슬퍼하네.[萬人作一塚 時人盡帶悲]"라고 하였으며,

법화전거가 말하기를 "풀 시들자 사람들 안색 변하고, 범부 성인 둘 다 모두 잊어버리네.[草荒人變色 凡聖兩俱忘]"라고 하였으며,

자명초원이 말하기를 "사해四海에는 천자天子의 칙령 내리고, 변방邊方에는 장군의 명령 내리네.[寰中天子勅 塞外將軍令]"라고 하였으며,

도오오진이 말하기를 "강골 모두 붉은 해를 따라서 스러지고, 미인도 다 흰 구름 좇아서 사라졌네.[剛骨盡隨紅影沒 茖苗總逐白雲消]"라고 하였으며,

원오극근은 말하기를 "거둬들이는 것이다.[收]"라고 하였으며,

달관담영이 말하기를 "천지天地 외려 비었는데 진秦나라 때 일월이고, 산하 아니 보이는데 한나라 때 군신이라.[天地尙空秦日月 山河不見漢君臣]"라고 하였으며,

석문온총이 말하기를 "어디에 부처[佛]와 조사祖師가 있는가.[有何佛祖]"라고 하였다.

남원혜옹이 또 묻기를 "어떤 것이 사람과 경계를 모두 없애지 않은 것인가?[如何是人境俱不奪]"라고 하자, 풍혈연소가 대답하기를 "강남 땅 춘삼월을 언제나 생각하니, 자고새 우는 곳에 온갖 꽃향기라오.[常憶江南三月裏 鷓鴣啼處百花香]"라고 하였다.

수산성념이 말하기를 "물으신 곳 분명하고 답한 곳 친절하네.[問處分明答處親]"라고 하였으며,

법화전거가 말하기를 "맑은 바람 밝은 달과 짝을 지었고, 촌늙은이 웃으며 친해 한다오.[淸風伴明月 野老笑相親]"라고 하였으며,

자명초원이 말하기를 "밝은 달과 맑은 바람 자유로이 왕래하네.[明月淸風任往來]"라고 하였으며,

도오오진이 말하기를 "오랜 가뭄 뒤 처음 내린 비를 만나고, 타향에서 옛 벗을 만났다오.[久旱逢初雨 他鄕遇故知]"라고 하였으며,

원오극근이 말하기를 "내려놓는 것이다.[放]"라고 하였으며,

달관담영이 말하기를 "꾀꼬리 우는 상림원上林園 땅에 가득 꽃이 폈고, 객客이 노는 춘삼월春三月 하늘 높이 풀 자랐네.[鶯囀上林花滿地 客遊三月草侵天]"라고 하였으며,

석문온총이 말하기를 "묻고 답答하는 것이 몹시 분명分明하다.[問答甚分]"라고 하였다.

▍취암영삼翠巖令參의 게송偈頌

【취암영삼翠巖令參의 휘는 가진可眞, 홍화현興化顯 보전莆田 출신으로, 자명초원慈明超圓의 법을 이었다.】

奪人不奪境 탈인불탈경
日月自流遷 일월자류천
山河及大地 산하급대지
片雨過蠻天 편우과만천

사람[人]을 빼앗고 경계境界 아니 빼앗았나니
해와 달은 스스로 흘러간다오.
산하山河와 대지大地 속에서
오랑캐 하늘에만 비가 내리네.

奪境不奪人 탈경불탈인
問禪何處親 문선하처친
相逢不祗揖 상봉불기읍
曉夜渡關津 효야도관진

경계를 빼앗고 사람 아니 빼앗았나니
선문답禪問答에 어디가 친절하던가.
만나도 공손恭遜하게 읍하지 않고
주야晝夜로 관문關門나루 건너다니네.

人境兩俱奪 인경량구탈
聲鼓墜紅樓 성고추홍루
縱橫施巨闕 종횡시거궐
誰敢立當頭 수감립당두

사람과 경계 둘 다 모두 빼앗으니
북소리 홍루紅樓에서 떨어진다오.
대궐에서 종횡縱橫으로 시행하나니
누가 감히 맨 앞에 설 것인가.

人境俱不奪 인경구불탈
閻浮轉幾遭 염부전기조
面南看北斗 면남간북두
爭得合伊曹 쟁득합이조

사람과 경계境界 모두 안 빼앗았나니
염부閻浮가 변하는 것 몇 번이나 만났나.
남면南面하여 북두성北斗星 바라보나니
어떻게 너희들과 합승할 것인가

■ 염부제閻浮提 : 염부閻浮는 jambu의 음사音寫요, 제提는 dvipa의 의역意譯이다. 인간세계 전체를 가리킨다.

불감혜근佛鑑惠懃의 게송偈頌

【불감혜근佛鑑惠懃 1059~1117은 오조법연五祖法演 1024~1104에게 법을 받았다.】

甕頭酒熟人皆醉 옹두주숙인개취
林上烟濃花正紅 임상연농화정홍
夜半無燈香閤靜 야반무등향합정
鞦韆垂在月明中 추천수재월명중

단지에 술 익으니 사람들 다 취하고
숲 위에 안개 짙으니 꽃은 정녕 붉도다.
한밤중에 등불 없는 향합은 고요하고
밝은 달 비춘 중에 그네가 걸려 있네.

鶯逢春暖歌聲滑 앵봉춘난가성활
人遇時平笑臉開 인우시평소검개
幾片落花隨水去 기편낙화수수거
一聲長笛出雲來 일성장적출운래

봄날 만난 꾀꼬리 노래 소리 매끄럽고
태평시절 만난 사람 얼굴엔 웃음 가득.
몇 조각 떨어진 꽃 물 따라 흘러가고
한 가닥 피리소리 구름 밖에서 들려오네.

堂堂意氣走雷霆 당당의기주뢰정
凜凜威風掬霜雪 늠름위풍국상설
將軍令下斬荊蠻 장군령하참형만
神劍一揮千里血 신검일휘천리혈

당당한 의기는 우레처럼 내달리고
늠름한 위풍은 상설霜雪 손에 쥐었다오.
장군은 영令을 내려 오랑캐를 베 버리고
신검神劍 한번 휘두르자 천 리가 피바다라.

聖朝天子坐明堂 성조천자좌명당
四海生靈盡安枕 사해생령진안침
風流年少倒金樽 풍류년소도금준
滿院桃花紅似錦 만원도화홍사금

성조聖朝의 천자께서 명당明堂에 앉으시니
사해의 생령生靈들이 모두 편히 잠잔다오.
풍류風流 있는 젊은이들 금술동이 기울이니
집안 가득 복사꽃은 비단보다 더 붉다오.

총송 總頌

千溪萬壑歸滄海 천계만학귀창해

四塞八蠻朝帝都 사새팔만조제도

凡聖從來無二路 범성종래무이로

莫將狂見逐多途 막장광견축다도

온 내와 골짜기 물, 창해滄海로 흘러가고

사방팔방 오랑캐들 장안長安에서 조회朝會하네.

범부凡夫 성인聖人 본래부터 두 길이 없었나니

미친 견해見解 가지고서 많은 길로 좇지 말라.

第2章
삼구三句

[임제臨濟의 삼구三句는 선禪의 종지宗旨를 간명簡明하게 드러낸다. 분양신소汾陽善昭의 삼구三句 등이 뒤를 이으나, 운문경현雲門警玄의 삼구三句가 빼어나다고 한다.]

임제선사臨濟禪師와 만난 승려가 묻기를 "어떤 것이 진불眞佛이며 진법眞法이며 진도眞道입니까? 가르쳐주시기를 청합니다. [如何是眞佛眞法眞道 乞垂開示]"라고 하자, 선사禪師가 답하였다.

"불佛은 마음의 청정淸淨이며, 법法은 마음의 광명光明이며, 도道는 곳곳마다 걸림이 없는 청정광명淸淨光明이다. 셋은 곧 하나로 모두 공空하고 실체實體가 없으니, 진정한 도인道人처럼 생각 생각이 끊어짐이 없는 것이다. 달마대사達磨大師는 서역에서 동토로 와서 단지 미혹迷惑되지 않은 사람을 찾다가 뒤에 이조二祖 혜가慧可를 만났는데, 혜가는 달마대사의 한 마디 말씀에 문득 깨닫고서 종전從前의 공부가 시간과 노력을 헛되이 쓴 것임을 비로소 알게 되었다. 산승山僧의 오늘 견처見處는 석가모니釋迦牟尼 부처님과 다르지 않다. 만일 제일구第一句에서 도달한다면 석가모니 부처님과 더불어 스승이 될 수 있을 것이며, 만일 제이구第二句에서 도달한다면 인천人天과 더불어 스승이 될 수 있을 것이며, 만일 제삼구第三句에서 도달한다면 스스로를 구하는 일도 마치지 못할 것이다.[佛者心淸淨是 法者心光明是 道者處處無礙淨光是 三即一皆空而無實有 如眞正道人 念念不間斷 達磨大師從西土來 只是覓箇不受惑底人 後遇二祖 一言便了 始知從前虛用工夫 山僧今日見處 與佛祖不別 若第一句中薦得 堪與佛祖爲師 若第二句中薦得 堪與人天爲師 若第三句中薦得 自救不了]"

어떤 승려가 묻기를 "어떤 것이 제일구입니까? [如何是第一句]"라고 하자, 선사禪師가 말하기를 "삼요三要의 인장印章 찍으니 붉은 점이 비좁고, 생각해 볼 새도 없이 주객主客이 나뉜다오.[三要印開朱點窄 未容擬議主賓分]"라고 하였다.

[풍혈연소風穴延昭 이하 모든 이의 답을 첨부해 보자면]

풍혈연소風穴延昭가 말하기를 "질문하는 소리 따라 들리는 방할棒喝소리.[隨聲便喝]"라고 하였으며,

도오오진道悟吾眞이 말하기를 "곧장 솟아져 구름 끝에 부딪치나니, 동산東山에는 인적人跡이 끊어졌다오.[直下衝雲際 東山絶往來]"라고 하였으며,

해인신海印信이 말하기를 "나타那吒태자의 성냄이다.[那吒忿怒]"라고 하였으며,

운봉열雲峯悅이 말하기를 "팔을 늘어뜨리니 손이 무릎 아래로 내려가 있다.[垂手過膝]"라고 하였다.

어떤 승려가 또 묻기를 "어떤 것이 제이구입니까?[如何是第二句]"라고 하자, 선사禪師가 말하기를 "문수보살文殊菩薩이 무착無着의 질문을 허용하랴마는, 방편方便으로 일체번뇌一切煩惱 끊어 낼 길 저버리랴.[妙解豈容無著問 漚和爭負截流機]"라고 하였다.

풍혈연소가 말하기를 "입을 열기도 전에 그릇되었다.[未開口前錯]"라고 하였으며,

도오오진이 말하기를 "면전面前에서 그를 보지 못한 채, 등 뒤에서 원통怨痛함을 말하고 있네.[面前渠不見 背後稱冤苦]"라고 하였으며,

해인신이 말하기를 "납승衲僧은 몸 둘 곳이 없다오.[衲僧罔措]"라고 하였으며,

설봉열이 말하기를 "만 리 밖 애주崖州로다.[萬里崖州]"라고 하였다.

어떤 승려가 또 묻기를 "어떤 것이 제삼구입니까?[如何是第三句]"라고 하자, 선사禪師가 말하기를 "무대 위 꼭두각시놀음을 잘 보아라, 조종은 원래元來 숨어 있는 사람이 하는 것을.[看取棚頭弄傀儡 抽牽元是裏頭人]"이라고 하였다.

풍혈연소가 말하기를 "분명分明하게 깨뜨리는 것은 할 수 없다.[明破則不堪]"라고 하였으며,

도오오진이 말하기를 "머리 위에는 한 무더기 티끌이요, 무릎 아래에는 석 자 되는 무덤이라.[頭上一堆塵 脚下三尺土]"라고 하였으며,

해인신이 말하기를 "서방정토西方淨土가 바로 이 세상이다.[西天此土]"라고 하였으며,

설봉열이 말하기를 "오물 담는 쓰레받기와 빗자루이다.[糞箕掃帚]"라고 하였다.

자명초원慈明超圓이 대중에게 설법하였다.

"돌아가신 내 스승 남원혜옹南院惠顒선사가 말씀하기를 '제일구第一句에서 도달할 수 있으면 석가모니 부처님과 더불어 스승이 될 것이며, 제이구第二句에서 도달할 수 있으면 인천人天

과 더불어 스승이 될 것이며, 제삼구第三句에서 도달할 수 있으면 자신의 구제救濟도 마칠 수 없을 것이다.'라고 하였지만, 나는 그렇지 않다고 생각한다. 제일구第一句에서 도달할 수 있으면 물에 진흙을 탄 듯 흐리멍덩할 것이며, 제이구第二句에서 도달할 수 있으면 오라가 없이도 스스로 묶일 것이며, 제삼구第三句에서 도달할 수 있으면 네 모서리를 땅에 붙여서 움직이지 못할 것이다. 그래서 이르노니, 일어남에 바다가 잔잔하고 황하黃河가 맑은데도 행인行人은 길을 피해서 가나니, 멈춤에 천지天地가 깜깜하고 해와 달도 빛이 없다. 너희는 어디에서 숨을 내쉬느냐? 지금 숨을 내쉬는 자가 있느냐? 있다면 나와서 대중에게 숨을 내쉬어 보라. 만일 없다면 나는 지금 너희에게 숨을 내쉬어 볼 것이다.[先寶應曰第一句薦得 堪與佛祖爲師 第二句薦得 堪與人天爲師 第三句薦得 自救不了 山僧即不然 第一句薦得 和泥合水 第二句薦得 無繩自縛 第三句薦得 四稜著地 所以道起也 海晏河淸 行人避路 住也乾坤黯黑 日月無光 汝等諸人 何處出氣 如今還有出氣者麽 有即出來對衆出氣看 若無 山僧今日 與爾出氣去也]" 그런 다음 '휴' 하고 숨을 내쉬는 소리를 내고 주장자拄杖子를 탁 내려치고는 법좌法座를 내려왔다.

[석문온총石門蘊聰이 말하였다.]

"제일구第一句에서 도달할 수 있으면 바위 속에서 솟구쳐 나올 것이며, 제이구第二句에서 도달할 수 있으면 장래에 경지를 재

어볼 수 있을 것이며, 제삼구第三句에서 도달할 수 있으면 스스로의 구제도 마치지 못할 것이다.[第一句薦得 石裏迸出 第二句薦得 挨拶將來 第三句薦得 自救不了]"

第3章

삼현삼요 三玄三要

임제선사臨濟禪師가 말하였다.

"무릇 종승宗乘을 풀어 설명하자면, 일구어一句語에 모름지기 삼현문三玄門이 갖추어져 있어야 하고, 일현문一玄門에 삼요三要가 갖추어져 있어야 한다. 권權이 있고 실實이 있으며, 조照가 있고 용用이 있으니, 너희는 어떻게 생각하느냐? [大凡演唱宗乘 一語須具三玄門 一玄門須具三要 有權有實 有照有用 汝等諸人作麼生會]"

나중에 [임제 5세손] 분양선소汾陽善昭화상이 앞의 말을 들어서 말하기를 "무엇이 삼현三玄과 삼요三要의 언구言句인가? [那箇是三玄三要底句]"라고 하였다.

어떤 승려가 묻기를 "어떤 것이 제일현第一玄입니까? [如何是第一玄]"라고 하자, 분양선소가 말하기를 "부처님이 가섭에게 친히 부탁하신다.[親囑飮光前]"라고 하였다. 도오오진道悟吾眞이 말하기를 "부처님이 아난阿難의 어깨에 빛을 비춘다.[釋尊光射阿難肩]"라고 하였다.

어떤 승려가 묻기를 "어떤 것이 제이현第二玄입니까?[如何是第二玄]"라고 하자, 분양선소가 말하기를 "형상形相이 끊어지고 언어言語를 여읜 것이다.[絶相離言詮]"라고 하였다. 도오오진이 말하기를 "온갖 형상形相 모인 곳이 우뚝한 법륜法輪이다.[孤輪衆象攢]"라고 하였다.

어떤 승려가 묻기를 "어떤 것이 제삼현第三玄입니까?[如何是第三玄]"라고 하자, 분양선소가 말하기를 "밝은 거울이 치우침 없이 비추는 것이다.[明鏡照無偏]"라고 하였다. 석오오진이 말하기를 "죽은 뽕나무를 향해 눈물을 줄줄 쏟는다.[泣向枯桑淚漣漣]"라고 하였다.

어떤 승려가 또 묻기를 "어떤 것이 제일요第一要입니까?[如何是第一要]"라고 하자, 분양선소가 말하기를 "말속에 조작造作함이 없는 것이다.[言中無作造]"라고 하였다. 석오오진이 말하기를 "가장 좋은 것은 정추精麤를 모두 비춘다.[最好精麤照]"라고 하였다.

어떤 승려가 또 묻기를 "어떤 것이 제이요第二要입니까?[如何是第二要]"라고 하자, 분양선소가 말하기를 "모든 성인聖人이 현묘玄

妙함에 든 것이다.[千聖入玄奧]"라고 하였다. 석오오진이 말하기를 "천지에 번쩍이며 광채가 빛난다오.[閃爍乾坤光晃耀]"라고 하였다.

▌분양선소 汾陽善昭 의 게송 偈頌

第一玄 제일현
照用一時全 조용일시전
七星光燦爛 칠성광찬란
萬里絶塵烟 만리절진연

제일현第一玄은
조照와 용用이 일시一時에 온전하다오.
북두칠성北斗七星 별빛이 찬란하니
만 리의 티끌 먼지 끊어졌나니

第二玄 제이현
鉤錐利便尖 구추리변첨
擬議穿腮過 의의천시과
裂面倚雙肩 열면의쌍견

제이현第二玄은
갈고리 송곳이 날카롭고 뾰족하다오.

머뭇대다 빰을 뚫고 지나가서
얼굴 찢고 두 어깨에 걸렸니라.

第三玄 제삼현
妙用具方圓 묘용구방원
隨機明事理 수기명사리
萬法體中全 만법체중전

제삼현第三玄은
묘용妙用이 방원方圓 모두 갖추었다니
기연機緣 따라 사리事理를 밝혀주나
만법萬法이 체성體性 속에 온전하니라.

第一要 제일요
根境俱忘絶朕兆 근경구망절짐조
山崩海竭灑飄塵 산붕해갈쇄표진
蕩盡寒灰始得妙 탕진한회시득묘

제일요第一要는
육근六根 육경六境 모두 잊고 조짐도 끊어졌네.
산 무너지고 바다 말라 먼지만 날리나니
차가운 재 다하고야 묘妙함을 얻으리라

第二要 제이요

鉤錐察辨呈巧妙 구추찰변정교묘

縱去奪來掣電機 종거탈래체전기

透匣七星光晃耀 투갑칠성광황요

제이요第二要는

갈고리 송곳 분별해서 교묘巧妙함을 드러내나니

놓아줬다 빼앗는 것 번개 치듯 빠르나니

북두칠성 별빛이 포갑包匣 뚫고 빛나니리.

第三要 제삼요

不用垂鉤并下釣 불용수구병하조

臨機一曲楚歌聲 임기일곡초가성

聞者盡教來反照 문자진교래반조

제삼요第三要는

갈고리도 필요 없고 낚시질도 필요 없다네

때마침 들려오는 한 가닥 초가 소리

듣는 이들 모두 다 반조返照를 하게 하누나.

분양선소汾陽善昭의 총송總頌

三玄三要事難分 삼현삼요사난분
得意忘言道易親 득의망언도이친
一句明明該萬象 일구명명해만상
重陽九日菊花新 중양구일국화신

삼현三玄과 삼요三要는 분별하기 어려우나
뜻을 얻고 말 잊으면 도道가 쉽게 친해지리.
한 구절에 환하게 만상萬象을 갖췄나니
구월구일 중양절重陽節 국화꽃 새로우이.

자명초원慈明楚圓의 게송偈頌

第一玄 제일현
三世諸佛擬何宣 삼세제불의하선
垂慈夢裏生輕薄 수자몽리생경박
端坐還成落斷邊 단좌환성락단변

제일현第一玄에
삼세三世의 제불諸佛이 힘쓸 곳 어디인가

자비 베푼 꿈속에서 경박輕薄함 일어나
단좌端坐해도 도리어 단변斷邊에 떨어지네.

第二玄 제이현
靈利衲僧眼未明 영리납승안미명
石火電光猶是鈍 석화전광유시둔
揚眉瞬目涉關山 양미순목섭관산

제이현第二玄은
총명한 납승衲僧이라도 눈이 밝지 못하면
번쩍하는 한 순간에 도리어 둔鈍해지나니
눈을 깜박 하는 동안 고향故鄕을 지나니라.

第三玄 제삼현
萬象森羅宇宙寬 만상삼라우주관
雲散洞空山嶽靜 운산동공산악정
落花流水滿長川 낙화류수만장천

제삼현第三玄은
삼라만상 담은 우주는 광대廣大하다네.
구름이 흩어져서 텅 빈 산은 고요하고
물에는 꽃잎 져서 긴 내에 가득하네.

第一要 제일요

豈話聖賢妙 기화성현묘

擬議涉長途 의의섭장도

擡頭已顚倒 대두이전도

제일요第一要는

성현聖賢의 미묘微妙한 경지 어찌 말로 하리오.

장도壯途에 오르기를 주저하면

머리 들자 하마 벌써 뒤집힌다네.

第二要 제이요

峯頂敲楗召 봉정고건소

神通自在來 신통자재래

多聞門外叫 다문문외규

제이요第二要는

산마루에서 문 두드려 부른다오.

신통神通으로 자유자재하나니

다문자多聞者는 문밖에서 소리치누나.

第三要 제삼요

起倒令人笑 기도령인소

掌內握乾坤 장내악건곤

千差都一照 천차도일조

제삼요第三要는

일어섰다 넘어지니 남들의 웃음거리

손바닥 안에 천지를 장악하나니

천차만별 모두가 한 눈에 비친다오.

자명초원慈明楚圓의 총송總頌

報汝通玄士 보여통현사

棒喝要臨時 봉갈요림시

若明端的旨 약명단적지

半夜太陽輝 반야태양휘

너희 통현한 선비에게 이르노니

방棒과 할喝은 임시臨時로 필요하다네.

명확히 종지宗旨를 밝혀낸다면

한밤중에 태양이 빛나니라.

[죽암竹菴화상이 대중에게 설법하였다.]

■ 죽암사규(?~1146)는 용상사규龍翔士珪이다. 불안청원佛眼清遠의 법을 받았다.

"임제선사臨濟禪師가 말씀하기를 '일구어一句語에 모름지기 삼현문三玄門이 갖추어져 있고, 일현문一玄門에 삼요三要가 갖추어져 있다.'라고 하였다. 대중의 일은 간곡한 부탁에서 일어나서 전전하는 과정에 잘못됨을 보게 되니, 게송 하나를 들어보라.[臨濟道一句中須具三玄門 一玄門須具三要 大衆事因叮囑起 展轉見誵訛 聽取一頌]"

句中難透是三玄 구중난투시삼현
一句該通空劫前 일구해통공겁전
臨濟命根元不斷 임제명근원부단
一條紅線手中牽 일조홍선수중견

구어句語 중에 알기가 어려운 것 삼현三玄이라
일구어一句語가 공겁空劫 전에 갖추어 통한다오.
임제臨濟의 명근命根 원래로 끊어지지 않기에
한 가닥 붉은 실을 수중手中에서 당긴다네.

第4章

사할 四喝

임제선사臨濟禪師가 학승學僧에게 묻기를

"때로는 일할一喝이 금강왕金剛王의 보검寶劍 같으며, 때로는 일할一喝이 땅에 웅크린 사자獅子 같으며, 때로는 일할一喝이 탐간探竿과 영초影草 같으며, 때로는 일할一喝이 할喝의 작용을 하지 못하는데, 너희는 어떻게 생각하느냐? [有時一喝如金剛王寶劍 有時一喝如踞地師子 有時一喝如探竿影草 有時一喝不作一喝用 汝作麽生會]"

라고 하자, 학승이 주저하기에 선사禪師가 바로 할喝을 하였다.

- 사할四喝 : 업식業識따라 사처四處에 머무는 학인學人의 병처病處를 두드려 일깨우는 할喝이다.
- 탐간探竿 : 사다새伽藍鳥의 날개를 장대 끝에 묶은 도구. 사다새伽藍鳥의 날개를 장대 끝에 묶어 물속에 넣고 고기들이 몰려들면 그물을 던져 고기를 잡을 때 쓰는 도구이다.
- 영초影草 : 풀을 베어 물속에 넣어두고 고기들이 모여들 때, 그물을 던져 잡을 때 쓰는 하나의 방법이자 도구이다.

적음존자 寂音尊者[慧洪覺範]의 게송

金剛王劍 금강왕검	금강왕의 보검은
覿露堂堂 적로당당	그 모습이 당당하네.
纔涉唇吻 재섭진문	입을 겨우 열자마자
即犯鋒鋩 즉범봉망	바로 칼날 범하리라.
踞地師子 거지사자	땅에 웅크린 사자는
本無窠臼 본무과구	본래 정처 없다오.
顧佇停機 고저정기	멈출 때를 기다리다
即成滲漏 즉성삼루	바로 삼루滲漏 되고 마네.
探竿影草 탐간영초	탐간探竿과 영초影草는
不入陰界 불입음계	음계陰界에 넣지 말라.
一點不來 일점불래	고기 하나 아니 오고
賊身自敗 적신자패	일신一身 다쳐 패하리라.
有時一喝 유시일할	때로는 일할一喝이
不作喝用 부작할용	할喝의 작용 못한다네.
佛法大有 불법대유	불법佛法은 충만充滿하나니
只是牙痛 지시아통	그저 입만 아프다오.

[수산성념首山省念이 대중에게 설법하였다.]

"노승老僧이 평소 너희에게 한 일할一喝은 일할一喝의 작용을 하지 못하는데, 때로는 일할一喝이 질문이 되며, 때로는 일할一喝이 탐간探竿과 영초影草가 되며, 때로는 일할一喝이 땅에 웅크린 사자獅子가 되며, 때로는 일할一喝이 금강보검金剛寶劍이 된다는 것에 대해 물었다. 만일 질문이 되어 닥칠 때는 급히 눈을 크게 뜨고 보아야 할 것이다. 만약 탐간探竿과 영초影草가 되면 너희는 어떻게 할 것이냐? 만일 땅에 웅크린 사자가 되면 여우는 모름지기 똥오줌을 싸면서 달아날 것이다. 만일 금강金剛왕王의 보검寶劍이 쓰일 때는 천왕天王도 모름지기 머리가 터칠 것이다. 단지 이렇게 종횡縱橫으로 하는 할喝을 모두 도리道理의 상량商量이라고 부를 수 있느냐? [老僧尋常問汝道這裏一喝不作一喝用 有時一喝作問行 有時一喝作探竿影草 有時一喝作踞地師子 有時一喝作金剛王寶劍 若作問行來時 急著眼看始得 若作探竿影草 爾諸人合作麽生 若作踞地師子 野干須屎尿出始得 若作金剛王寶劍用時 天王也須腦裂 只與麽橫喝竪喝 總喚作道理商量]"

분양선소汾陽善昭의 게송

金剛寶劍最威雄 금강보검최위웅
一喝能摧萬仞峯 일할능최만인봉
遍界乾坤皆失色 편계건곤개실색
須彌倒卓半空中 수미도탁반공중

금강왕의 보검은 웅위雄威가 제일이라
일할一喝로 만 길 봉峰을 무너뜨려 버린다오.
삼천 대천 세계가 모두가 빛을 잃고
수미산須彌山은 반공半空에 거꾸로 우뚝하네.

金毛踞地衆威全 금모거지중위전
一喝能令喪膽魂 일갈능령상담혼
嶽頂峯高人不見 악정봉고인불견
猿啼白日又黃昏 원제백일우황혼

웅크린 금모사자 모든 위엄 온전하니
일할一喝로 넋을 다 빠지게 하네.
큰 산 마루 높은 봉峰에 사람 아니 보이는데
잔나비 울음 속에 한낮이다 황혼黃昏이라.

詞鋒探草辨當人 사봉탐초변당인
一喝須知僞與眞 일갈수지위여진
大海淵澄涵萬象 대해연징함만상
休將牛迹比功深 휴장우적비공심

필봉의 탐간探竿 영초影草 그 사람 분별하니
일할一喝로 참과 거짓 모름지기 알아야지.
대해大海는 깊고 맑아 만상萬象이 잠기나니
우적牛迹으로 공功의 깊이 비교 말라.

一喝當陽勢自彰 일할당양세자창
諸方眞有好商量 제방진유호상량
盈衢溢路歌謠者 영구일로가요자
古往今來不變常 고왕금래불변상

정면 향한 일할一喝이 기세 절로 드러내니
제방에는 참으로 좋은 상량 두었다오.
길거리 가득하게 노래를 부르는 이
예로부터 지금까지 불변不變하는 진리라네.

지해보융智海普融의 게송

一喝金剛劍用時 일할금강검용시
寒光爍爍射坤維 한광삭삭사곤유
語言擬議傷鋒刃 어언의의상봉인
遍界髑髏知不知 편계촉루지부지

일할一喝이라 금강왕의 보검으로 작용할 때
번쩍이는 한광寒光이 땅 끝을 비춘다네.
언어言語로 머뭇대다 칼날에 상하나니
세상 가득한 해골들 아는지 모르는지.

一喝金毛輕踞地 일할금모경거지
檀林褻褻香風起 단림습습향풍기
雖然爪距不曾施 수연조거부증시
萬里妖狐皆遠避 만리요호개원피

일할一喝이라 금모사자 가볍게 땅에 앉았는데
단림檀林에는 향풍香風 일어 겹겹이 불어오네
비록 발톱 웅크리고 쓴 적이 없지마는
만 리의 요사한 여우 모두 멀리 피한다오.

一喝將爲探竿草 일할장위탐간초
南北東西無不到 남북동서무불도
短長輕重定錙銖 단장경중정치수
平地茫茫須靠倒 평지망망수고도

일할一喝 장차 탐간과 영초가 될지니
동서남북 어디에 안 닿는 곳 없으리라.
장단長短이나 경중輕重이 그 무게 정해지자
아득아득 평지平地는 뒤집혀 기대 있네.

一喝不作一喝用 일할부작일갈용
三世古今無別共 삼세고금무별공
落花三月睡初醒 낙화삼월수초성
碧眼黃頭皆作夢 벽안황두개작몽

일할一喝이 일할一喝의 작용하지 못하는데
삼세三世와 고금古今이 차별 없이 한가지라
삼월이라 꽃 지는데 졸다가 처음 깨니
달마達磨와 부처님[佛]도 모두 다 꿈일러라.

第5章

빈주구 賓主句

임제선사臨濟禪師가 법당에 오르자, 한 승려가 나와서 절하였고, 선사禪師가 바로 할喝을 하였다.

승려가 말하기를 "노스님은 탐색하기를 좋아하지 마십시오.[老和尙莫探頭好]"라고 하였다.

선사禪師가 묻기를 "어느 곳에 놓여 있느냐?[落在什麽處]"라고 하자, 승려가 할喝을 하니 선사禪師가 바로 때렸다.

승려가 또 묻기를 "어떤 것이 불법의 대의大意입니까? [如何是佛法大意]"라고 하자, 선사禪師가 바로 할喝을 하고, 승려가 절을 하였다.

선사禪師가 말하기를 "너는 할喝을 좋아하느냐? 말해 보라.[汝道好喝也無]"라고 하자 승려가 말하기를 "초적草賊(좀도둑)이 대패했습니다.[草賊大敗]"라고 하고, 선사禪師가 말하기를 "허물이 어디에 있느냐?[過在什麽處]"라고 하자, 승려가 말하기를 "재범은 용납하지 않습니다.[再犯不容]"라고 하거늘, 선사禪師가 바로 할喝을 하였다.

이날 동당東堂과 서당書堂의 수좌首座들이 서로 만나 동시에 할喝을 하였다. 승려가 선사禪師에게 묻기를 "또 빈객賓客과 주인主人이 있습니까?[還有賓主也無]"라고 하자, 선사禪師가 말하기를 "빈객賓客과 주인主人이 역력하다.[賓主歷然]"라고 하였다.

선사禪師가 말하기를 "대중이 나 임제臨濟의 빈주구賓主句를 이해하려면 동당同堂과 서당書堂의 수좌首座들에게 물으라.[大衆要會臨濟賓主句 問取堂中二首座]"라고 하였다.

자명초원慈明楚圓의 게송

啐啄之機箭拄鋒 줄탁지기전주봉
瞥然賓主當時分 별연빈주당시분
宗師愍物垂緇素 종사민물수치소
北地黃河澈底渾 북지황하철저혼

줄탁啐啄하는 기미機微는 활촉으로 칼날 괴기
별안간 빈객賓客 주인主人 그때 분명 나뉜다오.

종사宗師께서 딱해 하며 승속僧俗에게 베푸나니
북쪽 땅의 황하黃河는 바닥까지 다 맑다네.

죽암사규竹菴士珪의 게송

作家相見終不錯 작가상견종불착
兩兩同時齊啐啄 양량동시제줄탁
喝下雖然賓主分 할하수연빈주분
爭如普化搖鈴鐸 쟁여보화요령탁

작가作家는 서로 만나 끝내 아니 어긋나니
쌍을 지어 둘이 서로 동시에 줄탁啐啄하네.
할喝을 하자 빈객 주인 비록 분명分明 나뉘지만
어찌 보화普化가 요령 흔듦과 같으리오.

第6章
사빈주 四賓主

임제선사가 하루는 대중에게 다음과 같이 설법하였다.

참선參禪하는 학인은 모름지기 자세하게 해서 손님과 주인主人이 서로 만나는 것처럼 문득 대화對話를 나눔이 있어야 한다. 혹 사물事物에 응하여 모습을 드러내기도 하며, 혹 전체全體와 작용作用으로 하기도 하며, 혹 기권機權과 희로喜怒를 장악하기도 하며, 혹 반신半身을 드러내기도 하며, 혹 사자獅子를 올라타기도 하며, 혹 코끼리를 올라타기도 한다.[參學人大須仔細 如賓主相見 便有言說往來 或應物現形 或全體作用 或把機權喜怒 或現半身 或乘師子 或乘象王]

만약 진정한 학인이 문득 할喝을 해서 아교를 담은 단지 하나를 먼저 꺼내 놓았는데, 선지식善知識은 이 경계를 분별하지 못하고 문득 다른 경계 위에서 그럴듯한 모습을 짓게 되면, 학인이 또 할喝을 해도 선지식善知識은 기꺼이 내려놓으려고 하지 않으니 이것은 고황膏肓에 든 병病이라 의사도 고칠 수 없는 것이기에, 손님이 주인을 시험한다고 하여 빈간주賓看主라고 부른다.[如有眞正學人便喝 先拈出一箇膠盆子 善知識不辨是境 便上他境上 做模做樣 學人又喝 前人不肯放 此是膏肓之病 不堪醫治 喚作賓看主]

혹 선지식善知識이 하나도 꺼내 놓지 않고 학인學人이 묻는 곳에 따라 학인學人이 빼앗으려는 것을 바로 빼앗는데도 학인學人은 죽을 때까지 내려놓지 못하니, 이것은 주인主人이 손님을 시험한다고 하여 주간빈主看賓이다.[或是善知識不拈出物 隨學人問處即奪學人被奪 抵死不放 此是主看賓]

혹 학인學人이 마땅히 하나의 청정경계淸淨境界가 있어 선지식善知識 앞에다 꺼내 놓고, 선지식善知識은 이 경계를 분별해서 가져다가 구덩이 속에 던져버리는데, 학인學人은 "참 좋다."라고 하고 선지식善知識은 "쯧쯧! 좋고 싫은 것을 모른다."라고 하면 학인學人은 문득 절을 할 것이니, 이것은 주인主人이 주인主人을 시험한다고 하여 주간주主看主라고 부른다.[或有學人應一箇淸淨境界 出善知識前 善知識辨得是境 把得住拋向坑裏 學人言大好 善知識即云咄哉不識好惡 學人便禮拜 此喚作主看主]

혹 학인學人이 죄수가 칼을 차고 쇠사슬에 두른 것처럼 속박束縛된 채 선지식善知識 앞에 오면, 선지식善知識은 다시 한 겹 칼과 쇠사슬을 더 씌워주는데도 학인學人이 기뻐하면, 학인學人과 선지식善知識 피차彼此가 모두 분별하지 못한 것이라, 이것은 손님이 손님을 시험한다고 하여 빈간빈賓看賓이라고 부른다.[或有學人披枷帶鎖 出善知識前 善知識更與安一重枷鎖 學人歡喜 彼此不辨 喚作賓看賓]

대덕大德들이여! 산승山僧이 든 것은 모두 마장魔障을 분별하고 이단異端을 가려낸 것이니, 그 옳고 그름을 알아야 할 것이다.[大德 山僧所擧 皆是辨魔揀異 知其邪正]

빈주문답 賓主問答

어떤 승려가 풍혈연소風穴延昭에게 묻기를 "어떤 것이 손님 속의 손님입니까?[如何是賓中賓]"라고 하자, 풍혈연소가 답하기를 "눈썹을 찌푸리고 흰 구름 속에 앉았다오.[攢眉坐白雲]"라고 하였다.

극부克符가 말하기를 "문에 기대 있자니 오히려 술 취한 듯, 말하고 숨 쉬자니 부끄럽지 않다오.[倚門傍戶猶如醉 出言吐氣不慚惶]"라고 하였으며,

분양선소汾陽善昭는 "온 종일 홍진紅塵 속을 치달리느라, 제 한 몸이 중한 줄 알지 못하네.[終日走紅塵 不識自家珍]"라고 하고 또

"암자庵子에서 합장合掌하고 부처님[佛]께 묻는다네.[合掌菴前問世尊]"라고 하였으며,

자명초원慈明楚圓이 말하기를 "예불禮佛함이 더욱 더 정성스럽네.[禮拜更慇懃]"라고 하였으며,

석문온총石門蘊聰이 말하기를 "예불禮佛함에 몹시도 분명하구나.[禮拜甚分明]"라고 하였으며,

설두중현雪竇重顯이 말하기를 "눈에 가득 속세의 먼지라네.[滿目是埃塵]"라고 하고 또 말하기를 "아![噫]"라고 하였다.

승려가 또 묻기를 "어떤 것이 손님 속의 주인主人입니까?[如何是賓中主]"라고 하자, 풍혈연소風穴延沼가 답하기를 "두 눈이 먼 채로 저자에 들어가네.[入市雙瞳瞽]"라고 하였으며,

극부克符가 말하기를 "아미타불阿彌陀佛 염불念佛하며 양손에는 주장자拄杖子라, 두 눈이 먼 사람은 나타나지 않는다네.[口念彌陀雙拄杖 目瞽瞳人不出頭]"라고 하였으며,

분양선소汾陽善昭가 말하기를 "옷 속의 보배를 알아차리고, 단좌端坐해서 옳고 그름 분별分別한다오.[識得衣中寶 端坐解區分]"라고 하고, 또 "얼굴을 마주해도 짝할 이 없네.[對面無儔侶]"라고 하였으며,

자명초원이 말하기를 "주장자拄杖子는 언제나 손에 있다네.[拄杖長在手]"라고 하였으며,

석문온총이 말하기를 "땅만 보고 돌아봄[回顧]이 없다.[覷地無回顧]"라고 하였으며,

설두중현이 말하기를 "조짐兆眹 중 그 다섯을 가려냈다네.[兆分其五]"라고 하고 또 말하기를 "꺼내보라.[引]"라고 하였다.

승려가 또 묻기를 "어떤 것이 주인主人 속의 손님입니까?[如何是主中賓]"라고 하자, 풍혈연소가 답하기를 "천자天子 수레 돌아오니 해와 달이 새롭다네.[回鑾兩曜新]"라고 하였다.

극부가 말하기를 "높이 든 조사祖師의 인가기용認可機用에 해당하고, 응당 알리 만물 사랑 말엔 자비慈悲 담겼다오.[高提祖印當機用 利物應知語帶悲]"라고 하였으며,

분양선소가 말하기를 "낚시를 사해四海에다 던지나니, 옥촉玉燭이 밝은 등불 잇고 있다네.[金鉤抛四海 玉燭續明燈]"라고 하고 또 말하기를 "뭉게구름 바다 위에 비껴 있는데, 칼을 뽑아 용문龍門을 휘젓는다네.[陣雲橫海上 拔劍攪龍門]"라고 하였으며,

자명원오는 말하기를 "지팡이 비껴 메고 천지를 다스리네.[橫擔楖標撥乾坤]"라고 하였으며,

석문온총은 말하기를 "왕래往來하는 앞길을 물어본다오.[往復問前程]"라고 하였으며,

설두중현은 말하기를 "달이 달무리를 띠었다.[月帶重輪]"라고 하고 또 말하기를 "거두어라.[收]"라고 하였다.

승려가 또 묻기를 "어떤 것이 주인主人 속의 주인主人입니까?[如何是主中主]"라고 하자, 풍혈연소가 답하기를 "석 자의 장검長劍을 숫돌에 갈아, 불평不平하는 사람 베길 기다린다네.[磨礲三尺劍 待斬不平人]"라고 하였다.

극부克符가 말하기를 "막야검鏌鋣劍 비껴 차고 정령正令을 온전히 해, 태평太平한 세상 어리석고 완악한 자 벤다네.[橫按鏌鋣全正令 太平寰宇斬癡頑]"라고 하자, 한 승려가 말하기를 "이미 태평太平한 세상이거늘, 무엇 때문에 어리석고 완악한 자를 베는 것입니까?[旣是太平寰宇 爲甚却斬癡頑]"라고 하니, 극부가 답하기를 "밤길 가길 허용 않아 지금 횃불 가져다가, 바로 길에 두고서 사람들 보게 하네.[不許夜行剛把火 直須當道與人看]"라고 하였다.

분양선소가 말하기를 "높이 든 해와 달 온 천지天地를 다 비추고, 홍음洪音을 크게 떨쳐 초가楚歌를 부른다네.[高提日月光寰宇 大闡洪音唱楚歌]"라고 하고 또 말하기를 "세 머리와 여섯 팔로 천지天地를 떠받치는, 분노한 나타那吒태자 제석천帝釋天의 종을 치네.[三頭六臂擎天地 忿怒那吒撲帝鍾]"라고 하였으며,

■ 나타那吒태자 : 불가 호법신의 하나. 정명正名은 중단원수中壇元帥이며 비사문천毘沙門天의 셋째아들이다.

자명원오는 말하기를 "막야검鏌鋣劍이 증산인甑山人의 손에 있다오.[劍握甑人手]"라고 하였으며,

석문온총이 말하기를 "만 리에 함께 할 짝이 없다오.[萬里絶同侶]"라고 하였으며,

설두중현은 말하기를 "삼천대천세계三千大千世界는 흙으로 빚어 만든 것이다.[大千捏聚]"라고 하고 또 말하기를 "들어 보라.[揭]"라고 하였다.

부산법원浮山法遠의 게송

賓中賓 빈중빈

雙眉不展眼無筋 쌍미부전안무근

他方役役投知己 타방역역투지기

失却衣中無價珍 실각의중무가진

손님 속의 손님은

양 눈썹 못 펴고 눈에도 힘없다네.

타방他方에서 애써 벗과 투합投合하려다

옷 속의 값도 모를 보배를 잃고 마네.

賓中主 빈중주

盡力追尋無處所 진력추심무처소

昔年猶自見些些 석년유자견사사

今日誰知目雙瞽 금일수지목쌍고

손님 속의 주인主人은

있는 힘껏 좇아가도 있는 곳 못 찾노라

전에 외려 스스로 조금은 보았거늘

지금은 두 눈 모두 먼 줄을 누가 알리.

主中賓 주중빈

我家廣大實難論 아가광대실난론

所求不悋無高下 소구불린무고하

貴賤同途一路平 귀천동도일로평

주인主人 속의 손님은

내 집은 넓고 커서 논論하기 참 어려워라.

고하高下를 가리잖아 구求하는 걸 안 아끼니

귀천貴賤 함께 길을 가도 그 길이 평안平安하네

主中主 주중주

七寶無虧金殿宇 칠보무휴금전우

千子常圍繞聖顔 천자상위요성안

諸天不順飛輪擧 제천불순비륜거

주인主人 속의 주인主人은

칠보장식 흠이 없는 황금의 전각殿閣이라

일천제자一千弟子 늘 빙 둘러 부처님을 우러르니

제천諸天대중 편치 않아 비륜飛輪을 드신[擧]다네.

취암영삼翠巖令參의 게송

賓中賓 빈중빈
出語不相因 출어불상인
未諦審思惟 미체심사유
騎牛過孟津 기우과맹진

손님 속의 손님은
일어一語가 서로 이어지지 아니한다오.
잘 살펴 사유思惟를 하지 않은 채
소 타고 맹진孟津을 지나간다네.

■ 맹진孟津 : 강태공姜太公이 주周나라 무왕武王을 도와서 은殷나라 주紂를 정벌할 때 제후諸侯들과 회맹會盟하였던 하남성河南城 맹현盟縣의 나루이다. 황하黃河에서 가장 세찬 급류가 흐르는 곳으로 유명하다. 그 중간에 지주砥柱가 있다.

賓中主 빈중주
相牽日卓午 상견일탁오
展拓自無能 전탁자무능
且歷他門戶 차력타문호

손님 속의 주인主人은
서로 당겨 해는 높이 한낮이 되네.

활짝 엶을 스스로 능히 못하여
일단은 그 문호門戶를 거쳐 간다오.

主中賓 주중빈
南越望西秦 남월망서진
寒山逢拾得 한산봉습득
擬議乙卯寅 의의을묘인

주인主人 속의 손님은
남월南越에서 서진西秦을 바라보나니
한산寒山이 습득拾得을 만났던 것이
을묘乙卯인지 갑인甲寅인지 헤아린다오.

■ 습득拾得 : 당唐나라 정관貞觀 연간에 한산寒山과 함께 천태산天台山 국청사國淸寺에 있었던 스님이다.

主中主 주중주
當頭坐須怖 당두좌수포
萬里涉流沙 만리섭류사
誰云佛與祖 수운불여조

주인主人 속의 주인主人은
만나 앉기 모름지기 두려워지네

만 리의 큰 사막을 지나가나니
부처님[佛]과 조사祖師를 누가 말하랴.

설두중현雪竇重顯의 게송

■ 설두중현雪竇重顯, 980~1052 : 지문광조의 문인이다. 『송고백칙頌古百則』을 지었다. 뒤에 원오극근圓悟克勤이 평창評唱의 군소리를 붙여 『벽암록碧巖錄』이라 하였다.

賓中之賓 빈중지빈
少喜多嗔 소희다진
丈夫壯志 장부장지
當付何人 당부하인

손님 속의 손님은
기쁨은 적고 성냄은 많다오
장부丈夫의 장壯한 뜻을
누구에게 맡기려나.

賓中之主 빈중지주
玄沙猛虎 현사맹호
半合半開 반합반개

惟自相許 유자상허

손님 속의 주인主人은
현사玄沙의 사나운 범이라오.
절반折半은 닫히고 절반折半은 열렸는데
오로지 스스로 허여許與한다네.

主中之賓 주중지빈
溫故知新 온고지신
互換相照 호환상조
師子嚬呻 사자빈신

주인主人 속의 손님은
본래本來를 밝혀서 새로이 아는지라.
바꾸어 서로가 비추나니
사자師子가 괴로워 신음呻吟한다오.

主中之主 주중지주
正令齊擧 정령제거
長劍倚天 장검의천
誰敢當禦 수감당어

주인主人 속의 주인主人은

정령正令이 일제히 거행擧行되나니
장검長劍을 하늘에 기대놓으니
누가 감히 맞서 대적對敵하리오.

賓主分不分 빈주분불분
瞞頇絶異聞 만안절이문
解布勞生手 해포로생수
寄言來白雲 기언래백운

손님과 주인主人을 분별하는가
얼굴 감춘 기이한 말 끊어내야지.
풀고 펴며 괴로운 인생살이라
떠오는 백운白雲에게 말 전한다오.

[화엄보자(華嚴普孜 : 동경東京에 있었고, 이름은 자孜이다)의 설명이다.]

어떤 승려가 묻기를 "어떤 것이 손님 속의 손님입니까?[如何是賓中賓]"라고 하자 화엄보자華嚴普孜가 답答하기를 "나그네길 멀기가 하늘같다네.[客路如天遠]"라고 하였으며,

묻기를 "어떤 것이 손님 속의 주인입니까?[如何是賓中主]"라고

하자 답答하기를 "권세가의 문정門庭은 깊기가 바다 같네.[侯門似海深]"라고 하였으며,

"어떤 것이 주인 속의 주인입니까?[如何是主中主]"라고 하자 답答하기를 "사해四海에는 천자天子의 칙령勅令이 내렸네.[寰中天子勅]"라고 하였으며,

묻기를 "어떤 것이 주인主人 속의 손님입니까?[如何是主中賓]"라고 하자 답答하기를 "변방邊方에는 장군의 명령 내렸네.[塞外將軍令]"라고 하였다.

회엄보자華嚴普孜가 말한다.

"손님 속에서 주인主人을 묻는 것은 날카로운 심기心機의 교환이며, 주인主人 속에서 손님을 묻는 것은 같이 살고 같이 죽는 것이며, 주인主人 속에서 주인主人을 알아내는 것은 입을 닫고 말을 삼키는 것이며, 손님 속에서 손님을 찾는 것은 흰 구름 뜬 만 리 길이다. 그래서 언구言句에는 뜻이 없지만, 언구言句 속에 뜻이 있다. 여기에서 밝힌다면 한 쌍의 외로운 기러기가 땅을 박차고 높이 나는 것과 같을 것이며, 여기에서 밝히지 못하면 한 쌍의 원앙鴛鴦이 못 속에 홀로 서 있는 것과 같을 것이다. 지음知音의 선객禪客들은 서로 증명證明해 주고, 영향을 받은 무리는 모름지기 꼭 자세仔細하게 살펴라.[賓中問主 互換

之機 主中問賓 同生同死 主中辨主 飮氣呑聲 賓中覓賓 白雲萬里 故句中無意 意在句中 於斯明得 一雙孤雁 撲地高飛 於斯不明 一對鴛鴦 池中獨立 知音禪客 相與證明 影響之流 切須子細]”

라고 하고는, 한참 있다가 말하기를 “만일 도연명陶淵明이라면 눈살을 찌푸리고 문득 떠나갈 것이다.[若是陶淵明 攢眉便歸去]”라고 하였다.

第7章

사조용 四照用

임제선사臨濟禪師가 대중에게 설법하였다.

나는, 때로는 먼저 비추고[照] 뒤에 드러내며[用], 때로는 먼저 드러내고[用] 뒤에 비추며[照], 때로는 비추고[照] 드러내는[用] 것을 동시同時에 하며, 때로는 비추고 드러내며[用] 것을 동시同時에 하지 않는다.[我有時先照後用 有時先用後照 有時照用同時 有時照用不同時]

먼저 비추고[照] 뒤에 드러내는[用] 것은 집착執着이 사람에게 있는 경우이며, 먼저 드러내고[用] 뒤에 비추는[照] 것은 집착執着이 법法에 있는 경우이다.[先照後用有人在 先用後照有法在]

비추고[照] 드러내는[用] 것을 동시同時에 하는 것은 농부의 소를 주인主人이 몰아가고 굶주린 사람의 음식을 빼앗아 먹는 것이라, 뼈를 두드려서 골수骨髓를 취하듯 바늘과 송곳으로 아프게 찌른다.[照用同時 驅耕夫之牛 奪饑人之食 敲骨取髓 痛下針錐]

비추고[照] 드러내는[用] 것을 동시同時에 하지 않는 것은 물음을 두고 답변答辯을 두는 것이라, 주인主人을 세우고 손님을 세워 물에 진흙을 탄 듯 서로 뒤섞여 때에 따라 응대應對하니, 만일 헤아림을 넘어선 사람이라면 듣기도 전에 자극刺戟을 받고 문득 떠날 것이지만, 오히려 그런 사람은 비교적 적다.[照用不同時 有問有答 立主立賓 合水和泥 應機接物 若是過量人 向未擧時 撩起便行 猶較些子]

그때 어떤 승려가 나와서 불법의 대의大意를 묻거늘, 선사禪師가 말하기를 "네가 본 바를 말해 보거라.[汝試道看]"라고 하였다. 승려가 문득 할喝을 하자 선사禪師도 또한 할喝을 하였고, 승려가 또 할喝을 하자 선사禪師가 문득 때렸다.【이것은 먼저 비추고[照], 뒤에 드러낸[用] 것이다.[先照後用]】

어떤 승려가 묻기를 "어떤 것이 불법의 대의大意입니까?[如何是佛法大意]"라고 하자, 선사禪師가 문득 할喝을 하였다. 선사禪師가 다시 말하기를 "할喝이 좋았는지 너는 말해 보거라.[汝道好喝麽]"라고 하자, 승려가 문득 할喝을 하니 선사禪師도 또한 할喝을 하였고, 승려가 또 할喝을 하니 선사禪師가 문득 때렸다.【이것은 먼저 드러내고[用], 뒤에 비춘[照] 것이다.[先用後照]】

어떤 승려가 문門에 들어오자 선사禪師가 문득 할喝을 하였고, 승려도 또한 할喝을 하자 선사가 문득 때리면서 말하기를 "잘 때

리려면 단지 선봉先鋒만 있고 후위後衛는 없다.[好打只有先鋒 且無殿後]"라고 하였다.【이것은 비추고[照] 드러내는[用] 것을 동시同時에 한 것이다.[照用同時]】

어떤 승려가 와서 뵙거늘, 선사禪師가 문득 할喝을 하자 승려도 또한 할喝을 하였고, 선사禪師가 또 할喝을 하고 승려도 또 할喝을 하자 선사禪師가 문득 때리면서 말하기를 "잘 때리는 것은 네가 주인主人이 되었기 때문이니, 만일 선두先頭에 이르지 않으면 쓸 곳이 없다. 주인主人이 모름지기 빼앗아서 쓴다면, 천 명 만 명이라도 이렇게 되어서는 손을 쓸 수 없으니, 모름지기 곧바로 서둘러 눈을 크게 뜨고 보아야 할 것이다.[好打爲伊作主不到頭 無用處 主家須奪而用之 千人萬人到此出手不得 直須急著眼看始得]"라고 하였다.【이것은 비추고[照] 드러내는[用] 것을 동시同時에 하지 않은 것이다. [照用不同時]】

고덕古德이 말하기를 "스승이 한 번 할喝을 하여 손님을 시험試驗하고 손님이 한 번 할喝을 하여 주인을 시험喝하며, 주인主人이 재차 할喝을 하여 손님을 시험試驗하고 손님이 재차 할喝을 하여 주인主人을 시험喝하여 네 차례 할喝을 한 뒤에야 손님과 주인主人이 없어진다. 여기에 이르러야 주인主人은 문득 손님의 집착심執着心을 없애버리게 되고, 또 다른 것도 허용하지 않게 되는 것이다.[主一喝驗賓 賓一喝驗主 主再喝驗賓 賓再喝驗主 四喝後

無賓主也 到這裏主家便奪却 更不容他]"라고 하였다.

[자명초원慈明楚圓이 말한다.]

"때로는 먼저 비추고[照] 뒤에 드러내며[用], 때로는 먼저 드러내고[用], 뒤에 비추며[照], 때로는 비추고[照] 드러내는[用] 것을 동시에 하며, 때로는 비추고[照] 드러내는[用] 것을 동시에 하지 않는다. 그래서 밝음이 있으면 어둠이 있고, 일어남이 있으면 넘어짐이 있다고 하는 것이다.[有時先照後用 有時先用後照 有時照用同時 有時照用不同時 所以道有明有暗 有起有倒]"

라고 하고는, 할喝을 하였다. 한 차례 할喝을 하고는 말하기를 "자, 말해 보라. 비춤[照]인가 드러냄[用]인가? 또 흑백黑白을 가려낼 수 있느냐? 만일 가려낼 수 있다면 추졸醜拙한 것을 꺼내 보여주고, 만일 없다면 산승山僧은 실리失利한 것이다.[且道 是照是用 還有緇素得出底麼 若有 試出來呈醜拙看 若無 山僧失利]"

- 조용照用 : 권도權道로써 혹 비추고[照], 혹 묘용妙用을 드러내는[用] 것을 말한다.
- 고덕古德의 말씀에 따라 언구言句에 의지하는 허물이 없지 않나니, 학인은 반드시 언구言句의 허물을 지우고 실지實地에 나아가야 진심眞心에 계합契合하여 바르게 된다.

조용문답 照用問答

[어떤 이가] 묻기를 "어떤 것이 먼저 비추고[照] 뒤에 드러내는[用] 것입니까? [如何是先照後用]"라고 하자, 수산성념首山省念이 말하기를 "형산衡山 산마루의 구름이요, 태항산太行山 아래의 도둑이다. [南嶽嶺頭雲 太行山下賊]"라고 하였으며,

불타손佛陀遜이 말하기를 "빛나는 해 붉은 깃발 가는 기병騎兵 재촉하고, 바람 향해 우는 준마駿馬 뭉게구름 말아가네. [紅旗曜日催征騎 駿馬嘶風卷陣雲]"라고 하였으며,

■ 불타손佛陀遜 : 황룡혜남黃龍慧南의 문인이다.

도오오진道悟吾眞이 말하기를 "어로語路가 분명하게 서 있는 말이라, 바늘을 던져도 피하지 못한다오. [語路分明說 投針不回避]"라고 하였으며,

황룡사심黃龍死心이 말하기를 "맑은 바람 밝은 달을 스쳐간다오. [淸風拂明月]"라고 하였으며,

■ 황룡사심黃龍死心 : 황룡혜남黃龍慧南의 법을 받다.

오조법연五祖法演이 말하기를 "임금님 말씀은 가는 실[絲]과 같

네.[王言如絲]"라고 하였다.

■ 오조五祖는 오조산五祖山에 주석했으므로 붙은 법호法號이다. 오조산의 다른 이름은 빙무산憑茂山, 황매산黃梅山, 동산東山이다. 오조五祖 홍인대사弘忍大師가 거처하였으므로 선가禪家에서는 오조산五祖山이라고 칭한다. 뒷날의 오조법연五祖法演과 오조사계五祖師戒도 오조산五祖山에 거처한 까닭으로 오조의 법호를 붙인다. 오조사계五祖師戒는 소동파蘇東坡의 전신前身이라고 한다.

또 묻기를 "어떤 것이 먼저 드러내고[用], 뒤에 비추는[照] 것입니까? [如何是先用後照]"라고 하자, 수산성념이 말하기를 "태항산太行山 아래의 도둑이요, 형산衡山 산마루의 구름이다.[太行山下賊南嶽嶺頭雲]"라고 하였으며,

불타손이 말하기를 "흉노匈奴의 머리 베어서, 군영으로 돌아온다오.[斬得匈奴首 還歸細柳營]"라고 하였으며,

도오오진이 말하기를 "금강역사 만나서 친히 분부하나니, 어로語路가 분명하여 아주 잘 진술陳述하네.[金剛覿面親分付 語道分明好好陳]"라고 하였으며,

황룡사심黃龍死心이 말하기를 "밝은 달이 맑은 바람을 스쳐간다오.[明月拂淸風]"라고 하였으며,

오조법연五祖法演이 말하기를 "나와서는 굵은 낚싯줄 같아지네.[其出如綸]"라고 하였다.

또 묻기를 "어떤 것이 비추고[照] 드러내는[用] 것을 동시에 하는 것입니까?[如何是照用同時]"라고 하자, 수산성념이 말하기를 "형산衡山 산마루의 구름이 걷히고, 태항산太行山 아래의 도둑이 잡힌다.[收下南嶽嶺頭雲 捉得太行山下賊]"라고 하였으며,

불타손佛陀遜이 말하기를 "태항산太行山이 손짓하여 부르고, 자하子夏가 눈썹을 치켜세운다.[太行招手, 子夏揚眉]"라고 하였으며,

도오오진이 말하기를 "부처[佛] 조사祖師 길속에서 이단異端의 길을 가고, 삼라만상森羅萬象의 그림자 속에 머물 수 없는 몸이로다.[佛祖道中行異路 森羅影裏不留身]"라고 하였으며,

황룡사심黃龍死心이 말하기를 "맑은 바람과 밝은 달이라.[清風明月]"라고 하였으며,

오조법연五祖法演이 말하기를 "황제黃帝가 거울을 들자, 치우蚩尤가 위무威武를 잃어버리네.[擧起軒轅鏡 蚩尤失却威]"라고 하였다.

또 묻기를 "어떤 것이 비추고[照] 드러내는[用] 것을 동시에 하지 않는 것입니까?[如何是照用不同時]"라고 하자, 수산성념이 말하기를 "어제는 날 맑다가 오늘은 비가 오네.[昨日晴今日雨]"라고 하였으며,

불타손佛陀遜이 말하기를 "오후午後에 재종齋鍾을 친다.[午後打齋鍾]"라고 하였으며,

석오오진이 말하기를 "청량산淸涼山엔 황금빛 햇살 먼저 비추고, 아미산峨眉山엔 은세계가 일시에 펼쳐지네.[淸涼金色光先照 峨眉銀界一時鋪]"라고 하였으며,

황룡사심黃龍死心이 말하기를 "맑은 바람도 아니고 밝은 달도 아니다.[非淸風非明月]"라고 하였으며,

오조법연五祖法演이 말하기를 "황금黃金은 불로 가려낸다.[金將火試]"라고 하였다.

[분양선소汾陽善昭가 말하였다.]

무릇 일구어一句語에 모름지기 삼현문三玄門이 갖추어져 있어야 하고, 일현문一玄門마다 모름지기 삼요로三要路가 갖추어져

있어야 한다. 비춤[照]도 있고 드러냄[用]도 있나니, 때로는 먼저 비추고[照] 뒤에 드러내며[用], 때로는 먼저 드러내고[用] 뒤에 비추며[照], 때로는 비추고[照] 드러냄[用]을 동시同時에 하며, 때로는 비추고[照] 드러냄[用]을 동시同時에 하지 않는다.[凡一句語 須具三玄門 每一玄門 須具三要路 有照有用 或先照後用 或先用後照 或照用同時 或照用不同時]

먼저 비추고[照] 뒤에 드러내는[用] 것은 일단 너희와 함께 상량商量하는 것이며, 먼저 드러내고[用] 뒤에 비추는[照] 것은 너희도 그러한 사람이라야 알 수 있는 것이다. 비추고[照] 드러냄[用]을 동시同時에 할 때 너희는 어떻게 상대相對할 것이며, 비추고[照] 드러냄[用]을 동시에 하지 않을 때 너희는 어디에서 시작始作할 것이냐? [先照後用 且共汝商量 先用後照 汝也是箇人始得 照用同時 汝作麽生當抵 照用不同時 汝作麽生湊泊]

[낭야혜각瑯琊慧覺이 말하였다.]

■ 낭야혜각瑯琊慧覺 : 생몰년 미상이다. 분양선소汾陽善昭의 법法을 받았다. 당대에 설두중현雪竇重顯과 더불어 감로이문甘露二門으로 일컬어졌다.

먼저 비추고[照] 뒤에 드러내는[用] 것은 사자가 이빨과 발톱을 드러내고 으르렁 거리는 것이며, 먼저 드러내고[用] 뒤에 비추는[照] 것은 코끼리가 위엄과 용맹함을 발휘하는 것이며, 비추고[照]

드러내는[用] 것을 동시同時에 하는 것은 용龍이 물을 얻은 듯 비를 부르고 구름을 일으키는 것이며, 비추고[照] 드러냄[用]을 동시同時에 하지 않는 것은 갓난아이를 달래고 사랑하는 것이다.[先照後用 露師子之爪牙 先用後照 縱象王之威猛 照用同時 如龍得水 致雨騰雲 照用不同時 提獎嬰兒 撫憐赤子 此古人建立法門]

이것은 고인古人이 법문法門을 세운 것이니, 이와 같이 합치되느냐, 이와 같이 합치되지 못하느냐? 만일 이와 같이 합치된다면, 기신紀信이 아홉 마리 용이 끄는 수레를 탄 것이며, 이와 같이 합치되지 못한다면 항우項羽가 천리마千里馬 오추烏騅를 잃어버린 것이다. 또 나 낭야瑯琊를 위해 말할 것이 있느냐? 만일 없다면, 산승山僧은 내 길을 갈 것이다.[此古人建立法門 爲合如是 不合如是 若合如是 紀信乘九龍之輦 不合如是 項羽失千里之騅 還有爲瑯琊出氣底麼 如無 山僧自道去也]

이렇게 말하고는, 주장자拄杖子로 법상法床을 한 번 친 다음 법좌法座에서 내려왔다.

자명초원慈明楚圓의 게송偈頌과 총송總頌

照時把斷乾坤路 조시파단건곤로
驗彼賢愚喪膽魂 험피현우상담혼
饒君解佩蘇秦印 요군해패소진인
也須歸欵候皇恩 야수귀관후황은

비출[照] 때는 천지의 길이 끊어지나니
현우賢愚 시험 하느라 넋을 다 빼누나
그대가 육국재상 소진인장蘇秦印章 찼더라도
귀순을 하려거든 황은皇恩을 기다려라.

用便生擒到命殂 용편생금도명조
却令蘇醒盡殘軀 각령소성진잔구
歸欵已彰天下報 귀관이창천하보
放汝殘年解也無 방여잔년해야무

드러냄[用]의 방편에 사로잡혀 죽음에 이르나니
살려낸들 남은 육신 다 무너지네.
귀순하면 천하의 원수임이 드러나니
너의 여생餘生 놓아준들 풀려날 수 있겠는가

照用同時棒下玄 조용동시봉하현

不容擬議驗愚賢 불용의의험우현
輪劍直衝龍虎陣 윤검직충룡호진
馬喪人亡血滿田 마상인망혈만전

비춤[照] 드러냄[用] 동시라 방할 아래 현묘하나니
머뭇대며 현우賢愚를 시험하진 못하리라
윤검輪劍으로 용호진龍虎陣을 곧바로 공격하니
사람과 말 죽어서 들엔 피가 가득하네.

照用不同時 조용부동시
時人會者稀 시인회자희
秋空黃葉墜 추공황엽추
春盡落花飛 춘진락화비

비춤[照] 드러냄[用] 동시에 아니 하니
당시의 사람들 아는 이 드물었네.
가을날 텅 빈 하늘 누런 잎이 떨어지고
봄날이 다 가버려 지는 꽃잎 날린다오.

一喝分賓主 일할분빈주
照用一時行 조용일시행
會得箇中意 회득개중의
日午打三更 일오타삼경

일할一喝에 손님과 주인主人이 나눠지니
비춤[照] 드러냄[用]을 일시에 행하노라
이 가운데 담긴 뜻을 알려하거든
정오正午에 삼경三更의 종鐘을 쳐 보아라.

第8章

흥화존장興化存奬의 사완四盌, 사타四唾, 사할四瞎

사완 四盌

莫熱盌鳴聲 막열완명성【中下二機用】

盌脫丘 완탈구【無底語】

盌脫曲 완탈곡【無綣續語】

盌 완【向上明他】

뜨겁지 않은 그릇 울리는 소리: 중하근기를 끄는 權用

언덕이 빠진 그릇: 바닥이 없는 말

굽이가 빠진 그릇: 격식이 없는 말

온전한 그릇: 향상일로向上一路로써 남을 밝혀 줌

사타 四唾

當面唾 당면타【鬼語】

望空唾 망공타【精魂語】

背面唾 배면타【罔兩語】

直下唾 직하타【速滅語】

정면에서 침 뱉기: 귀신鬼神의 말

허공에 침 뱉기: 혼령魂靈의 말

등 뒤에서 침 뱉기: 도깨비의 말

바닥에다 침 뱉기: 순식간에 사라지는 말

사할 四瞎

不似瞎 부사할【記得語不作主】

恰似瞎 흡사할【不見前後語】

瞎漢 할한【定在前人分上】

瞎 할【不見語之來處】

눈이 먼 것 같지 않음: 말은 기억하되 주인은 되지 못함

눈이 먼 것 같음: 앞뒤의 말을 알지 못함

소경[瞎漢할한]: 바로 전인前人의 테두리 안에 있음

눈이 멂: 말의 유래由來를 알지 못함

第9章

분양선소汾陽善昭의 십지동진十智同眞

불해혜원佛海慧遠의 착어著語

분양선소汾陽善昭가 대중에게 다음과 같이 설법하였다.

설법하는 사람【입 안 가득 얼음을 씹고 있구나.[滿口嚼氷霜]】은 모름지기 십지동진十智同眞을 갖추어야 한다.【예나 이제나 듣기 어렵다오.[今古罕聞]】

만일 십지동진十智同眞을 갖추지 못하면 정사正邪를 분별하지 못하고, 흑백黑白을 구분하지 못하나니,【불에 단 벽돌로 쳐 바닥까지 얼린다오.[焦磚打著連底凍]】 인천안목人天眼目이 되어【쇠로 낯가죽을 만들었네.[鐵作面皮]】 옳고 그름을 판단할 수 없다.【한 사람은 거짓을 전하고, 만인은 진실을 전한다오.[一人傳虛 萬人傳實]】

마치 새가 허공을 날다가 날개가 꺾인 것과 같고【이전에는 들지 않았던 것이다.[未擧以前底]】, 화살을 과녁에 쏘려다가 활시위가 끊어진 것과 같다.【힘을 쓰는 곳이 하나도 사라지지 않았다.[著力處

不消一]】

활시위가 끊어졌기 때문에 쏘아도 적중시키지 못하고【내가 그에게 쏘기를 요구해도 맞히지 못한 것이다.[我要那射不中底]】, 날개가 꺾였기 때문에 공중을 날지 못하는 것이다.【너의 신통묘용을 다하고는, 또 어디로 갈 것이냐?[盡却爾神通妙用 又云向什麽處去]】

활시위가 질기고 날개가 튼튼하면【먼 곳의 물로는 가까운 곳의 불을 끌 수 없다.[遠水不救近火]】, 공중과 과녁을 모두 꿰뚫는다.【기왓장이 무너져 내리고, 얼음이 녹아 없어진다.[瓦解氷消]】 무엇을 십지동진이라고 하는가?【또 처음부터 시작하였다.[又是從頭起]】

너희들에게 하나하나 집어내 말해 주리라. 첫째가 동일질同一質, 둘째가 동대사同大事, 셋째가 총동참總同參, 넷째가 동진지同眞智, 다섯째가 동편보同遍普, 여섯째가 동구족同具足, 일곱째가 동득실同得失, 여덟째가 동생살同生殺, 아홉째가 동음후同音吼, 열째가 동득입同得入이니라. 또 끄집어내어야 할 것이 있느냐? 자비심을 아끼지 말고 나와서 말해 보거라. 만일 집어내지 못할진댄 수행자의 안목을 갖추지 못한 것이나, 도리어 논변하고 취사하여 옳고 그름을 알려고 하더라도, 본래면목은 현재하니라.[與諸人一一點出 一同一質 二同大事 三總同參 四同眞智 五同遍普 六同具足 七同得失 八同生殺 九同音吼 十同得入 還有點得出底麽 不吝慈悲 試出來道看 若點不出 未具參學眼在 却須辨取 要識是非 面目見在]

이렇게 말하고는, 한번 할喝을 하고 법좌에서 내려왔다.

[대혜종고大慧宗杲는 [분양선소汾陽善昭의 십지동진十智同眞에 대해] 다음과 같이 말하였다.]

분양汾陽 노스님이 최후에 만일 '본래면목은 현재한다.[面目現在]'라고 하지 않았다면 한바탕 잘못된 이야기였을 것이다. 그렇더라도 우리 후손을 잃게 됨을 면치 못하였다.[汾陽老子末後 若無箇面目現在 一場敗闕 雖然未免喪我兒孫]"

이렇게 말하고는, 한번 할喝을 하였다.

[또한 청량적음淸凉寂音은 다음과 같이 말하였다.]

지금 이 법문은 총림叢林에서 두려워하여 그 소리를 들으려고 하지 아니하니, 어째서 이렇게 말하는가? 제방諸方에서는 오직 평실한 견해를 구하여 지켜 바꾸지 않으려고 하고, 단지 전수傳受받으려고만 할 뿐 개오開悟가 있다는 사실을 믿지 않아서이다.[今此法門 叢林怕怖 不欲聞其聲 何以言之 諸方但要平實見解 執之不移 只欲傳受 不信有悟]

가사 분양汾陽선사가 다시 태어나서 친히 분석分析해 주어도 또한 틀렸다고 할 것이다. 옛날 아난존자阿難尊者가 밤에 행차할 때, 동자童子가 부처님의 게송을 외우기를 '만일 사람이 백세를 살아도 물가에서 노는 새만 못하니, 차라리 하루를 살아도 깨달음을 이루는 것이 낫다.'라고 하는 것을 듣고는, 동자童子에게 일러주기를 '부처[佛]가 될 기연機緣을 만나는 것만 못하다이지 물가에서 노는 새만 못하다가 아니다.'라고 하였다. 동자童子가 돌아가 그 스승에게 고하자, 스승이 웃으며 말하기를 '아난阿難은 늙어서 망령妄靈이니, 마땅히 내 말을 바른 것으로 삼거라.'라고 하였다.[假使汾陽復生 親爲剖析 亦以爲非 昔阿難夜經行次 聞童子誦佛偈 若人生百歲 不善水潦鶴 未若生一日而得決了之 阿難敎之曰 不善諸佛機 非水潦鶴也 童子歸白其師 師笑曰 阿難老昏矣 當以我語爲是]

지금 학자들 앞에서 삼현삼요三玄三要와 십지동진十智同眞의 취지를 말하는 것이 어찌 이와 다르겠는가.[今學者之前 語三玄三要十智同眞旨趣 何以異此]

고숙古宿의 십지동진문답十智同眞問答

[분양汾陽이라고 앞에다 밝힌 외에 나머지는 이름을 밝히지 않았다.]

① 동일질 同一質

분양선소汾陽善昭가 말하기를 "면주綿州의 부자附子요, 한주漢州 생강生薑이다.[綿州附子漢州薑]"라고 하였다.

또 다음과 같이 말하였다.

"귀신鬼神과 칠통漆桶을 다툰다.[鬼爭漆桶]"

"모두 도랑에서 벗어나지 못한다.[總不出渠]"

"도둑은 가난한 집을 털지 않는다.[賊不打貧家]"

"귀신 소굴에서 허우적거린다.[鬼窟裏頭出頭沒]"

"온갖 풀끝에서 마음껏 노닌다오.[百草頭邊任遊戱]"

"한 터럭 위에서 천지를 평정한다.[一毛頭上定乾坤]"

"팔자타개해도 사람들은 모른다.[八字打開人不識]"

"언덕이 빠진 그릇이다.[盌脫丘]"

② 동대사 同大事

분양선소가 말하기를 "축융 머리 위의 풍차이다.[火官頭上風車子]"

또 다음과 같이 말하였다.

"가주嘉州의 큰 불상佛像이요, 섬주陜州의 큰 철우鐵牛로다.[嘉州大像 陜府鐵牛]"

"몹시 헤진 짚신을 신었다.[當甚破草鞋]"

"조금 농락을 당했다.[少賣弄]"

"두 어깨로 짊어질 수 없다.[兩肩擔不起]"

"반 푼 어치도 안 된다.[不直半分文]"

"목상좌木上座를 아느냐? [識得木上座也未]"

"등롱이 노주로 들어간다.[燈籠入露柱]"

"지팡이로 일월日月을 돋우고, 손으로 천지天地를 잡는다.[杖挑日月 手握乾坤]"

③ 총동참 總同參

분양선소가 말하기를 "삼라만상森羅萬象이 일제히 머리를 조아린다.[萬象森羅齊稽首]"라고 하였다.

또 다음과 같이 말하였다.

"서로 알지 못함을 괴이하게 여기지 말라.[莫怪不相識]"

"노주露柱 서로 부딪친다.[撞著露柱]"

"귀신을 불러댄다.[呼神喚鬼]"

"난간에 기대 서글피 강남을 보네.[倚欄惆悵望江南]"

"호인은 주문 지녀, 입으로 중얼중얼.[胡人持呪口喃喃]"

④ 동진지 同眞智

분양선소가 말하기를 "귀신의 살림살이.[鬼家活計]"라고 하였다.

또 다음과 같이 말하였다.

"여든 된 노인들이 과장에 들어가네.[八十翁翁入場屋]"

"피차彼此 편치 않다.[彼此不著便]"

"천양지차이다.[天地懸殊]"
"부처님의 눈으로도 볼 수가 없네.[佛眼覷不見]"
"아는 것은 여전해도 도리어 아닐세.[認著依然還不是]"
"흑산黑山의 귀신소굴이다.[黑山鬼窟]"
"한 터럭이 큰 바다를 삼킨다.[毛呑巨海]"
"겨자씨에 수미산이 들어간다.[芥納須彌]"
"페르시아 사람은 콧구멍이 길다.[波斯鼻孔長]"

⑤ 동편보 同遍普

분양선소가 말하기를 "돌과 흙덩이.[石頭土塊]"라고 하였다.

또 다음과 같이 말하였다.
"형산衡山과 천태산天台山, 서방정토西方淨土가 이곳이다.[南嶽天台 西天此土]"
"이 무슨 경계境界인가? [是什麽境界]"
"고기가 지나가자 물이 흐려지네.[魚行水濁]"
"남쪽을 두드려서 북쪽을 놀라게 한다.[打著南邊動北邊]"
"애석하다.[可惜許]"
"앉아서 온갖 것을 다 물리치니, 어떻게 맞출 수 있을 것인가? [坐却千千萬萬 如何折合]"
"살쾡이와 흰 암소가 지혜의 빛[白毫光]을 발한다오.[狸奴白牯放毫光]"

"생사生死의 바다를 걸어 나오고, 시비是非의 문정門庭에서 뛰쳐나온다.[踏開生死海 跳出是非門]"

⑥ 동구족 同具足

분양선소가 말하기를 "거지의 광주리는 쉽게 가득 찬다.[乞兒籮易滿]"라고 하였다.

또 다음과 같이 말하였다.

"등한히 호가곡을 불고 있다오.[等閑吹入胡笳曲]"

"추울 때 끝내 열기가 없다.[寒時終不熱]"

"손가는 대로 집어도 착착 붙는다오.[信手拈來著著親]"

"사자는 괴로워 신음하고, 코끼리 차서 밟고 있네.[師子嚬呻 象王蹴踏]"

■ 호가胡笳 : 풀잎피리로, 두 입술 사이에 풀잎을 대거나 물고 소리를 내는 것을 말한다.

⑦ 동득실 同得失

분양선소가 말하기를 "털을 쓰고 뿔을 달고 재갈을 물고 안장을 졌다.[披毛戴角 銜鐵負鞍]"라고 하였다.

또 다음과 같이 말하였다.

"한 마디에 유마힐을 간파해 낸다.[一言勘破維摩詰]"

"독 속에서 달아나지 못하는 자라다.[甕裏不走鱉]"

"또한 놓지 못하는 것은 너에게 있다.[也不放爾在]"

"명암明暗에 떨어지지 않았으니, 어떻게 말할 것이냐?[不落明暗 作麽生道]"

"부채 파는 노파가 손으로 해를 가린다.[賣扇老婆手遮日]"

⑧ 동생살동생살 同生殺同生殺

분양선소가 말하기를 "네 명줄을 놓아주고, 네 기식氣息을 통하게 해 주노라.[放汝命 通汝氣]"라고 하였다.

또 다음과 같이 말하였다.

"죽은 뱀을 풀어주고는, 살려서 희롱하네.[死蛇解 弄也活]"

"훌륭한 작품을 보기 원하네.[願觀盛作]"

"빠른 우레 귀 막을 틈도 없다오.[迅雷不及掩耳]"

"재앙은 홀로 오지 않는다.[禍不單行]"

"미간眉間에는 보검이요, 수중手中에는 철퇴로다.[眉間寶劍 袖裏金槌]"

"수차水車 소리 삐걱삐걱, 논[畓]에 물을 대고 있네.[灌稻水車鳴戛戛]"

⑨ 동음후 同音吼

분양선소가 말하기를 “나귀 울고 개 짖으니 원통지혜圓通智慧 열린다오.[驢鳴犬吠啓圓通]”라고 하였다.

또 다음과 같이 말하였다.

“사자가 괴로워 신음하고, 여우 무리는 뒤로 물러난다.[師子嚬呻 群狐退後]”

“한갓 귀를 기울일 뿐이다.[徒勞側耳]”

“좋은 말은 문을 벗어나지 않는다.[好語不出門]”

“작은 것을 내어 큰 것을 만난다.[小出大遇]”

“돌절구에 바람 부니 마하바라밀摩訶波羅蜜을 염송念誦하누나.[風吹石臼念摩訶]”

“야차夜叉, 두억시니가 허공으로 달아난다오.[夜叉空裏走]”

⑩ 동득입 同得入

분양선소가 말하기를 “일단 문밖에서 지낸다.[且居門外]”라고 하였다.

또 다음과 같이 말하였다.

“내중耐重은 금강역사가 하고, 산문山門은 불전佛殿을 걸터앉았다.[耐重打金剛 山門騎佛殿]”

■ 내중耐重은 건물을 받치는 기둥이다. 대개 탑이나 서까래 아래에서 금강역사가 기둥 역할을 한다.

"활은 부러지고 화살은 다하였는가?[弓折箭盡也未]"

"포대 속의 늙은 까마귀.[布袋裏老鴉]"

"금강권金剛圈과 율극봉栗棘蓬을 어떻게 벗어나고, 어떻게 삼키겠느냐?[金剛圈栗棘蓬 作麽生呑透]"

"함원전含元殿에서 장안長安을 묻는구나.[含元殿裏問長安]"

■ 함원전含元殿은 당나라 궁궐이요, 장안長安은 당나라 수도이다.

"호떡과 음료수.[胡餠呷汁]"

"고래가 바닷물을 다 마시니, 산호珊瑚의 가지가 드러난다오.[鯨飮海水盡 露出珊瑚枝]"

묻기를 "어떤 사람과 동득입同得入합니까?[與甚麽人同得入]"라고 하자, 분양선소가 말하기를 "귀신鬼神과 칠통漆桶을 다툰다.[鬼爭漆桶]"라고 하고, 또 말하기를 "호인胡人 장삼張三과 흑인黑人 이사李四이다.[胡張三黑李四]"라고 하였다.

또 묻기를 "누구와 동음후同音吼합니까?[與誰同音吼]"라고 하자, 분양선소가 말하기를 "돌절구에 바람 부니 마하바라밀摩訶波羅蜜을 염송한다.[風吹石臼念摩訶]"라고 하고, 또 말하기를 "목인木人은 [비록] 말을 하지 못하나, 석녀石女는 목을 빼어 머리를 돌린다.[木人雖不語 石女引回頭]"라고 하였다.

또 묻기를 "무엇이 동생살同生殺입니까? [作麽生同生殺]"라고 하자, 분양선소가 말하기를 "사나운 호랑이가 양떼 속에 들어갔다. [猛虎入羊群]"라고 하고, 또 말하기를 "이곳에는 노승老僧이 없다. [此間無老僧]"라고 하였다.

또 묻기를 "어떤 것이 동득실同得失입니까? [甚麽物同得失]"라고 하자, 분양선소가 말하기를 "소머리가 사라지고, 말머리가 돌아온다. [牛頭沒 馬頭回]"라고 하고, 또 말하기를 "눈앞에 아사리阿闍黎가 없다. [目前無闍黎]"라고 하였다.

■ 아사리阿闍梨 : 교수敎授, 궤범軌範, 정행正行의 뜻으로, 제자의 행위를 지도하여 교정하는 큰스님을 말한다.

또 묻기를 "어떤 것이 동구족同具足입니까? [阿那箇同具足]"라고 하자, 분양선소가 말하기를 "상좌는 또 부족한 것이 무엇이냐? [上座更欠箇甚麽]"라고 하고, 또 말하기를 "난쟁이가 연희演戲를 본다. [矮子看戲是]"라고 하였다.

또 묻기를 "무엇이 동편보同遍普입니까? [甚麽同遍普]"라고 하자, 분양선소가 말하기를 "살쾡이와 흰 암소가 지혜의 빛을 놓는다. [狸奴白牯放毫光]"라고 하고, 또 말하기를 "일단 천천히 헤아려 보라. [且緩緩卜度]"라고 하였다.

또 묻기를 "누가 동진지同眞智입니까? [何人同眞智]"라고 하자, 분양선소가 말하기를 "아는 것은 여전해도 도리어 아니다. [認著依然還不是]"라고 하고, 또 말하기를 "서로 아는 사람이 천하에 가득해도, 마음[眞心]을 아는 이는 몇이던가? [相識滿天下 知心能幾人]"라고 하였다.

또 묻기를 "누구와 총동참總同參을 합니까? [孰與總同參]"라고 하자, 분양선소가 말하기를 "목상좌木上座, 지팡이를 아느냐? [識得木上座也未]"라고 하고, 또 말하기를 "범의 머리 차지하고 범의 꼬리 거두나니, 제일구第一句 아래에서 종지宗旨를 밝히니라. [據虎頭收虎尾 第一句下明宗旨]"라고 하였다.

또 묻기를 "무엇이 동대사同大事입니까? [那箇同大事]"라고 하자, 분양선소가 말하기를 "해골을 뚫고 지나간다. [穿過髑髏]"라고 하고, 또 말하기를 "마음[眞心]을 아는 사람 드물다. [知音者少]"라고 하였다.

또 묻기를 "어떤 것이 동일질同一質입니까? [何物同一質]"라고 하자, 분양선소가 말하기를 "궁궐 안에서 장안長安을 묻고 있네. [含元殿裏問長安]"라고 하고, 또 말하기를 "뽕나무에 돼지가 등을 비비고, 장강長江에서 오리가 머리를 감누나. [桑樹猪揩背 長江鴨洗頭]"라고 하였다.

▎송원숭악 松源崇嶽의 십지문답十智問答

묻기를 "어떤 것이 십지동진입니까? [如何是十智同眞]【물을 길어다가 불을 놓는 것이다.[提水放火]】"라고 하자, 다음과 같이 말하였다.

첫째가 동일질同一質이다.【깨부수는 것이다.[裂破]】

둘째가 동대사同大事이다.【한 터럭 위에서 천지를 평정한다.[一毛頭上定乾坤]】

셋째가 총동참總同參이다.【두꺼비, 지렁이, 절름발이 자라, 눈먼 거북이다.[蝦蟇蚯蚓跛鼈盲龜]】

넷째가 동진지同眞智이다.【하나도 못 이루고, 둘도 옳지 않다.[一不成 二不是]】

다섯째가 동편보同遍普이다.【대지의 흙을 모으니 한 치의 흙도 없다.[大地撮來無寸土]】

여섯째가 동구족同具足이다.【여전히 한 수가 부족하다.[猶缺一著]】

일곱째가 동득실同得失이다.【진흙탕에 들어가고 물속에 들어간다.[入泥入水]】

여덟째가 동생살同生殺이다.【자신도 구하지 못한다.[自救不了]】

아홉째가 동음후同音吼이다.【팔각의 맷돌이 허공으로 달아난다.[八角磨盤空裏走]】

열째가 동득입同得入이다.【한산寒山이 습득拾得을 만나다.[寒山逢拾得]】

또 묻기를 "누구와 함께 들어갈 수 있습니까?[與甚麽人同得入]" 라고 하자, 【말하기를 "호인胡人 장삼張三과 흑인黑人 이사李四이다.[胡張三黑李四]"라고 하였다.】

■ "호인胡人 장삼張三과 흑인黑人 이사李四이다.[胡張三黑李四]"의 답은 모든 범부가 본래本來로 청정각명淸淨覺明이 구족具足하여 변함없이 그러하는 뜻이다.

"누구와 함께 사자후獅子吼를 합니까?[與誰同音吼]"라고 하자, 【말하기를 "살쾡이와 흰 암소이다.[狸奴白牯]"라고 하였다.】

묻기를 "어떻게 같이 죽고 삽니까?[作麽生同生殺]"라고 하자, 【말하기를 "덕산德山선사의 방棒과 임제臨濟선사의 할喝이다.[德山棒臨濟喝]"라고 하였다.】

"어떤 것이 득실을 함께 합니까?[何物同得失]"라고 하자, 【말하기를 "풀 속에서 수레가 굴러간다.[草裏輥]"라고 하였다.】

"무엇이 함께 구족具足한 것입니까?[那箇同具足]"라고 하자, 【말하기를 "손가는 대로 집어도 착착 붙는다오.[信手拈來著著親]"라고 하였다.】

"어떤 것이 함께 두루 미치는 것입니까?[何物同遍普]"라고 하자, 【말하기를 "바늘 끝의 그림자 그 속에서 대붕大鵬 타고, 등한히 밀쳐내자

하늘가에 달 진다오.[針鋒影裏騎大鵬 等閑挨落天邊月]"라고 하였다.】

묻기를 "어떤 사람이 진지眞智를 함께 합니까?[何人同眞智]"라고 하자, 【말하기를 "흑산의 귀신소굴이다.[黑山鬼窟]"라고 하였다.】

묻기를 "누가 동참을 총괄할 수 있습니까?[孰能總同參]"라고 하자, 【말하기를 "등롱燈籠이 노주露柱로 들어간다.[燈籠入露柱]"라고 하였다.】

묻기를 "누구와 대사를 함께 합니까?[那箇同大事]"라고 하자, 【말하기를 "가주의 큰 불상佛像이요, 섬주의 큰 철우鐵牛로다.[嘉州大像 陝府鐵牛]"라고 하였다.】

묻기를 "무엇이 동일한 바탕입니까?[何物同一質]"라고 하자, 【말하기를 "언덕이 빠진 그릇.[盌脫丘]"라고 하였다.】

혹암사체或菴師體의 게송

陽春白雪非難和 양춘백설비난화
藻鑑氷壺豈足觀 조감빙호기족관
一把柳絲收不得 일파류사수부득
和煙搭在玉闌干 화연탑재옥란간

양춘陽春은 백설白雪과 어울리기 어렵나니
빙호氷壺의 조감藻鑑인들 어찌 볼 수 있으리오.
한 다발 실버들은 거둘 수가 없으니
안개와 함께 옥으로 된 난간에 걸려 있네.

■ 혹암사체或菴師體 : 1108~1179 남송 호국경원護國景元의 문인이다.

■ 빙호氷壺 : 관색觀色에 통달한 고인古人.

■ 조감藻鑑 : 사람을 알아보는 식견을 말한다.

청량적음淸凉寂音의 게송

十智同眞面目全 십지동진면목전
於中一智是根源 어중일지시근원
如今要見汾陽老 여금요견분양로
擘破三玄作兩邊 벽파삼현작량변

십지동진 본래면목 온전하나니
그 가운데 한 지혜智慧가 근원이라오.
만일 지금 분양汾陽선사 만나려거든
양변兩邊으로 만든 삼현三玄 부셔 버려라.

■ 청량적음清凉寂音 : 혜홍각범慧洪覺範의 별칭이다. 적음존자寂音尊者로도 불린다. 임간록林間錄 등 저술이 다수 있다. 명말 자백진가紫柏眞可 화상의 전신前身이다.

죽암사규竹菴士珪의 게송

十智同眞選佛科 십지동진선불과
汾陽佛法苦無多 분양불법고무다
愛心竭盡尋眞智 애심갈진심진지
面目分明見也麽 면목분명견야마

십지동진은 부처를 선발하는 불과佛科이니
분양汾陽선사 불법은 애쓸 것이 많이 없네.
사랑하는 마음 다해 진지眞智를 찾아보라
본래면목 분명分明함을 만날 수 있을는지.

대혜종고大慧宗杲의 게송

兔角龜毛眼裏栽 토각귀모안리재
鐵山當面勢崔嵬 철산당면세최외
東西南北無門入 동서남북무문입
曠劫無明當下灰 광겁무명당하회

토끼 뿔과 거북 털을 눈 안에서 마름하자
면전面前에 선 철산鐵山이 기세가 드높다오.
동서남북 두더라도 무문無門에 들거니
광겁曠劫의 무명업無明業 당장에 재가 되네.

고덕古德 10수首와 총송總頌

是何物兮同一質 시하물혜동일질
萬象之中同等匹 만상지중동등필
休將心識謾參尋 휴장심식만참심
毘嵐猛風吹海立 비람맹풍취해립

어떠한 물건인가, 동일同一한 바탕이란
삼라만상 가운데 동등同等한 짝이라오.
심식心識으로 부질없이 찾지 말라
사나운 폭풍 불어 바다가 솟구치나니.

那箇與君同大事 나개여군동대사
這裏敢言他與自 저리감언타여자
一身堅密現諸塵 일신견밀현제진
寂滅光中無漸次 적멸광중무점차

누구인가, 그대와 대사大事를 함께할 이
이곳에서 저와 나를 감히 말 하고 있네.
일신一身에 달라붙은 육진六塵이 나타나나
적멸寂滅의 빛 속에는 점차漸次가 없다오.

孰能與我總同參 숙능여아총동참
知識徒勞五十三 지식도로오십삼
樓閣門前意何限 누각문전의하한
故鄕猶在海門南 고향유재해문남

누구인가, 나와 함께 동참同參을 총괄할 이
헛수고한 선지식善知識이 쉰셋이었다오.
누각의 문 앞에서 생각 한량限量 있으리오
고향은 오히려 해문海門 남쪽에 있다오.

■ 지식도로오십삼知識徒勞五十三 : 『화엄경華嚴經』에 나타난 53선지식善知識을 가리킨다.
■ 해문海門 : 53선지식善知識 가운데 남방 해문국海門國 해운비구海雲比丘의 주처住處이다.

何人同此一眞智 하인동차일진지
見得分明還不是 견득분명환불시
山自高兮水自深 산자고혜수자심

一理齊平不容易 일리제평불용이

누구인가, 이 하나의 진지眞智를 함께 할 이
분명分明함을 보더라도 도리어 아니라오.
산 절로 우뚝하고 물 절로 깊나니
한 이치理致 다스리기 수월하지 아니 하다오.

是什麽物同遍普 시심마물동편보
曠大劫來今日覩 광대겁래금일도
一波纔動萬波隨 일파재동만파수
何異嬰兒得慈母 하이영아득자모

어떠한 물건인가, 함께 두루 미침이란
광겁曠劫의 시간 지나 이제야 보게 되네.
한 물결 일어나자 일만 물결 뒤따르니
갓난아이 엄마 찾는 그것과 다름없네.

■ 심마물什麽物 : 진심眞心을 가리킨다.
■ 일파만파一波萬波 : 망심妄心을 가리킨다.

阿那箇是同具足 아나개시동구족
細草含烟滿山綠 세초함연만산록
他鄕看似故鄕看 타향간사고향간
添得籬根花繞屋 첨득리근화요옥

어떠한 것이런가, 다 함께 구족具足함은
안개 덮인 가는 풀, 온 산이 푸르다오.
타향에서 떠나온 고향에서 보듯 하니
울밑에 심었던 꽃이 집을 둘러 있었네라.

甚麽物兮同得失 심마물혜동득실
圓明如鏡紅如日 원명여주홍여일
三箇胡孫夜播錢 삼개호손야파전
天明走盡空狼藉 천명주진공낭자

어떠한 것이런가, 득실得失을 함께 함은
원만하고 밝기는 거울 같고 붉기는 해와 같네.
세 원숭이 밤새도록 돈 뿌리고 다니더니
날 밝자 다 달아나고 빈돈만이 낭자하네.

作麽生兮同生殺 작마생혜동생살
桃花紅兮李花白 도화홍혜이화백
今年呑却大還丹 금년탄각대환단
到處相逢李八伯 도처상봉이팔백

어떻게 하는 건가, 삶과 죽음 같이 함을
복사꽃 붉게 피고 배꽃은 하얗다오.
올해에는 불로장생 대환단大還丹을 먹었나니

도처에서 팔백 세 된 이팔백李八伯을 만나리라.

■ 대환단大還丹을 먹다 : 자성自性을 깨쳐 불생불멸을 회복함을 의미한다.

■ 이팔백李八伯 : 촉蜀의 도사이다. 나이를 알 수 없어 팔백 세라 짐작했다고 한다.

與誰說法同音吼 여수설법동음후
飮食語言皆用口 음식어언개용구
燕語鶯啼逈不同 연어앵제형부동
芳樹雕梁却知有 방수조량각지유

누구와 더불어 설법할까, 사자후를 함께 내며
먹고 말함은 모두 입을 통해서라.
제비 앵무 지저귐이 확연히 다른 것을
꽃나무와 들보가 도리어 알고 있네.

與甚麽人同得入 여심마인동득입
田父耕鋤女機織 전부경서녀기직
冷眼看他家事忙 냉안간타가사망
問渠且道承誰力 문거차도승수력

어떠한 사람인가, 함께 들어갈 수 있는 이는
농부는 밭을 갈고 아낙은 길쌈하네.
가사家事에 바쁜 그들 차갑게 바라보며

누구의 도움 받았는지 짐짓 물어 본다오.

■ 본래인本來人은 본래本來를 회복하여 본래本來에 거처하나니, 회복回復은 어떤 길이며, 도대체都大體 누구의 도움이 필요할 것인가?

由來十智本同眞 유래십지본동진
語直心精妙入神 어직심정묘입신
長憶江南三月裏 장억강남삼월리
春風微動水生鱗 춘풍미동수생린

예부터 십지十智는 본래동진本來同眞이라
곧은 말 정미精微한 맘은 신묘神妙에 드나니.
강남땅 춘삼월을 길이길이 생각하니
봄바람 살랑대며 물결 곱게 일어났지.

고덕古德

十年海上覓冤讐 십년해상멱원수
不得冤讐不肯休 부득원수불긍휴
芍藥花開菩薩面 작약화개보살면
棕櫚葉長夜叉頭 종려엽장야차두

십년 동안 천하에서 원수冤讐를 찾았거늘
원수冤讐를 못 찾으나 그만두려 하지 않네.
함박꽃 활짝 피자 보살菩薩의 얼굴이요
종려 잎은 기다란 게 야차夜叉의 머리라오.

第10章
분양사구 汾陽四句

【동산혜공東山慧空과 동림상총東林常總과 자명초원慈明楚圓의 말씀을 첨부하였다.】

■ 분양汾陽의 사구四句는 접초기구接初機句, 변납승구辨衲僧句, 정령행구正令行句, 정건곤구定乾坤句를 두어 초학初學, 중학中學, 숙학熟學, 현학玄學의 학인을 계도啓導하는 방편方便이다. 정령행구正令行句는 망심妄心이 본래本來 불생不生함을 처음 자득自得하여 체용불이體用不貳를 상지常知하고 무고금無古今에 거처하는 고로 일법一法도 세우지 아니하는 경계이다. 일법一法도 두지 않으므로 정령正令을 허여許與한다고 하는 것이다. 정건곤구定乾坤句는 개오처開悟處를 허여許與하고, 수연소요粹然逍遙의 뒷날 공부를 가르쳐 보이는 것이다.

어떤 승려가 묻기를 "어떤 것이 초학자初學者를 대하는 언구言句입니까? [如何是接初機句]"라고 하자, 분양선소가 말하기를 "너는 행각승이다.[汝是行脚僧]"라고 하였다.

동산혜공東山慧空이 말하기를 "금강저金剛杵로 철산鐵山을 쳐

서 무너뜨린다오.[金剛杵打鐵山摧]"라고 하였으며,

동림상총東林常總이 말하기를 "바닥없는 발우鉢盂가 밝은 빛을 발한다오.[無底鉢盂光烜赫]"라고 하였으며,

자명초원慈明楚圓이 말하기를 "단칼에 두 동강을 낸다.[一刀兩段]"라고 하였다.

또 묻기를 "어떤 것이 납승衲僧을 분별하는 언구言句입니까?[如何是辨衲僧句]"라고 하자, 분양선소汾陽善昭가 말하기를 "서쪽에서 묘시卯時에 해가 뜬다오.[西方日出卯]"라고 하였다.

동산혜공東山慧空이 말하기를 "악양岳陽의 뱃사공이 동정洞庭의 물결 가른다오.[嶽陽船子洞庭波]"라고 하였으며,

동림상총東林常總이 말하기를 "천태산天台山 즐률나무 새까맣다오.[天台榔黑]"라고 하였으며,

자명초원慈明楚圓이 말하기를 "한산寒山과 습득拾得이라오.[寒山拾得]"라고 하였다.

또 묻기를 "어떤 것이 정령令行을 행하는 언구言句입니까?[如何是正令行句]"라고 하자, 분양선소가 말하기를 "천 리 길 특별히 와, 옛 얼굴[本來面]을 보인다오.[千里特來呈舊面]"라고 하였다.

동산혜공東山慧空이 말하기를 "무릎 꿇은 야차夜叉는 눈동자가 초롱초롱.[夜叉屈膝眼睛黑]"이라고 하였으며,

동림상총東林常總이 말하기를 "동이 이고, 나막신 신고, 삼천 리를 간다오.[戴盆屧履三千里]"라고 하였으며,

자명초원慈明楚圓이 말하기를 "온 길은 천 리요, 갈 길은 만 리라오.[來千去萬]"라고 하였다.

또 묻기를 "어떤 것이 천지天地를 평정平定하는 언구입니까?[如何是定乾坤句]"라고 하자, 분양선소가 말하기를 "북구로주에서는 맵쌀이 자라는데, 먹는 이들 성냄도 기쁨도 없느니라.[北俱盧洲長粳米 食者無嗔亦無喜]【한 본에는 '성냄도 기쁨도 없다.[無嗔亦無喜]'가 '탐욕도 성냄도 없다.[無貪亦無嗔]'로 되어 있다.】"라고 하였다.

동산혜공東山慧空이 말하기를 "불경佛經은 백마사白馬寺에 오고, 스님은 적오년赤烏年에 왔다오.[經來白馬寺 僧到赤烏年]"라고 하였으며,

■ 백마사白馬寺 : 낙양洛陽에 있다. 서기 67년, 가섭마등迦葉摩騰과 축법란竺法蘭이 사십이장경四十二章經을 번역했던 곳이다. 중국에 처음 불법이 들어온 곳이라 한다.

■ 적오년赤烏年 : 오吳나라 손권孫權의 연호이다. 강승희姜承熙의 사리舍利가 방광放光함을 보고 손권이 건초사建初寺를 지었다고 한다. 다른 해석에는 적오년赤烏年은 당나귀해와 같은 뜻이라 한다. 만약 빈 이름을 벗고, 고금古今을 지우고서, 법신法身의 거울에 만상과 삼라가 한갓 그림자로 보인다면 적연부동寂然不動의 적오년赤烏年을 볼 것이다.

동림상총東林常總이 말하기를 "인간세상과 천상이 다름없는 봄[春]이니라.[人間天上一般春]"라고 하였으며,

자명초원慈明楚圓이 말하기를 "하늘은 높고 바다는 넓다.[天高海濶]"라고 하였다.

그런 다음 분양선소가 말하기를 "이 네 가지 언구言句로 천하의 납승衲僧을 시험하라.[將此四句語 驗天下衲僧]"라고 하였다.【대우수지大愚守芝, 高安大愚가 말하기를 "자세히 생각해 보면, 이 네 언구言句로 천하의 납승衲僧을 시험試驗한다고 하니, 도리어 천하의 납승衲僧들에게 점검點檢을 당할 것이다.[仔細思量 將此四句 驗天下衲僧却被天下衲僧勘破]"라고 하였다. 대혜종고大慧宗杲가 말하기를 "여러분은 대우수지大愚守芝선사를 알려고 하는가? 삼년을 아버지의 도道에 고침이 없어야 효도라고 할 수 있을 것이다.[諸人要識大愚麽 三年無改於父之道 可謂孝矣]"】

第11章
삼종사자 三種師子

부산법원浮山法遠 원감圓鑑이 대중에게 설법하였다.

분양선소에게는 사자언구師子言句가 있는데, 그 사자언구師子言句에 세 가지가 있으니, 첫째가 종지宗旨를 뛰어넘는 남다른 안목을 가지는 초종이목超宗異目이고, 둘째가 눈썹을 나란히 하고 함께 걸어갈 수 있는 제미공촉齊眉共躅이며, 셋째는 스승을 모방하여 그대로 답습하는 영향음문影響音聞이다. 만약 종지宗旨를 뛰어넘는 남다른 안목眼目을 가졌다면 제자의 견식見識이 스승을 넘어설 것이라 종초種草로 삼을 수 있어 비로소 전수傳受할 수 있을 것이며, 만일 눈썹을 나란히 하고 같이 걸어갈 수 있는 정도라면 제자의 견식見識이 스승과 나란할 것이라 스승의 덕을 반감半減시킬 것이며, 만일 스승을 모방하여 그대로 답습하는 정도라면 여우가 세력에 의지하는 격이라 이류異類를 어찌 분별할 것인가? 그래서 선덕善德이 당부하기를 "만일 학인學人을 만나면, 꼭 모름지기 자세하게 살피고 조사해서 거칠고 못난 자를 얻지 말아야 한다."라고 하였으니, 후인들의 인가印可가 그릇될 것을 걱정한 것이다.[汾陽有師子句 其師子有三種 一超宗異目 二齊眉共躅 三影響音聞 若超宗異目 見過於師 可爲種草 方堪傳授 若齊眉共躅 見與師齊 減師半德 若影響音聞 野干倚勢 異類何分 所以先德付囑云若當相見 切須子細窮勘 不得鹵莽 恐誤後人之印可也]

第12章
분양삼결 汾陽三訣

분양선소汾陽善昭가 대중에게 설법하기를 "분양에겐 세 가지 요결이 있으니, 납승衲僧들은 변별하기 어려울 것이리라. 어떤 것을 물을지 머뭇거린다면, 주장자로 머리에다 바로 쐐기 박으리라.[汾陽有三訣 衲僧難辨別 擬議問如何 拄杖驀頭楔]"라고 하였다. 승려가 묻기를 "어떤 것이 세 가지 요결입니까?[如何是三訣]"라고 하자, 선사禪師가 문득 때렸고, 승려는 절을 하였다. 분양선소가 말하기를 "너희에게 게송으로 읊어주겠다.[與汝頌出]"라고 하였다.

第一訣 제일결
接引無時節 접인무시절
巧語不能詮 교어불능전
雲綻青天月 운탄청천월

제일결은

학인學人을 계도하는데 시절時節 없나니
교묘巧妙한 말로는 설명 못하고
구름 터져 하늘에는 달이 나왔네.

第二訣 제이결
舒光辨賢哲 서광변현철
問答利生心 문답리생심
拔出眼中楔 발출안중설

제이결第二訣은
광채 비쳐 현철賢哲이 분별分別되나니
문답問答으로 마음에 이利가 생기고
눈에 박힌 쐐기가 뽑혀 나온다네.

第三訣 제삼결
西國胡人說 서국호인설
濟水過新羅 제수과신라
北地用邠鐵 북지용빈철

제삼결第三訣은
서쪽 나라 호인胡人의 말씀이라오.
바다 건너 신라新羅를 지나갔나니
북녘 빈邠나라에 철鐵을 쓰게 됐다네.

자명초원慈明楚圓의 게송

第一訣 제일결

大地山河泄 대지산하설

維摩纔點頭 유마재점두

文殊便饒舌 문수편요설

제일결第一訣은

산하대지가 누설漏泄하였나니.

유마거사維摩居士 바로 머리 끄덕거리자

문수보살文殊菩薩 문득 요설饒舌 펼쳐 놓았네.

第二訣 제이결

展拓看時節 전탁간시절

語默豈相干 어묵기상간

夜半秋天月 야반추천월

제이결第二訣은

활짝 엶은 시절을 살피려 한다네.

말하고 침묵함이 무어 상관相關인가

한밤중 가을하늘 달이라네.

第三訣 제삼결
山遠路難涉 산원로난섭
陸地弄舟船 육지롱주선
眼中挑日月 안중도일월

제삼결第三訣은
멀고 먼 산길은 가기 어렵네.
육지에서 자유롭게 배를 모나니
눈 안의 해와 달을 돋워 올리네.

법창의우法昌倚遇의 게송

第一訣 제일결
袖裏三斤鐵 수리삼근철
忽遇病維摩 홀우병유마
提起驀頭楔 제기맥두설

제일결第一訣은
소매 속에 숨겨둔 세 근의 철퇴鐵鎚.
병중病中의 유마거사 홀연 만나서
들어 바로 머리에다 쐐기를 박네.

第二訣 제이결

六月滿天雪 유월만천설

無處避炎蒸 무처피염증

渾身冷似鋏 혼신랭사철

제이결第二訣은

유월六月이라 하늘에는 눈 가득하네.

무더위 피할 곳이 전혀 없거늘

온몸은 무쇠처럼 차갑구나.

第三訣 제삼결

八字無兩丿 팔자무량별

胡僧笑點頭 호승소점두

眼中重著楔 안중중저설

제삼결은

여덟 팔자八字에 두 개의 삐침 없다오.

달마대사 웃으며 끄덕여도

눈 속에다 거듭해서 쐐기를 박네.

동산간東山簡의 게송

第一訣 제일결
眞卓絶 진탁절
手把黃金槌 수파황금퇴
敲落天邊月 고락천변월

제일결第一訣은
참으로 탁월卓越하다네.
손에는 황금망치를 쥐고
하늘가 달 두드려지게 한다오.

第二訣 제이결
難辨別 난변별
琉璃枕上凹 유리침상요
瑪瑙盤中凸 마노반중철

제이결第二訣은
변별辨別하기 어렵다오.
유리 베개 위쪽은 오목하고
마노瑪瑙 소반小盤 중간이 볼록하다네.

第三訣 제삼결

最超絶 최초절

花木四時春 화목사시춘

庭臺千古月 정대천고월

제삼결第三訣은

최고最高로 초절超絶하네.

꽃과 나무 사시사철 늘 봄이요

뜰의 누대樓臺 천고千古에 달이라네.

안주경安住京의 게송

第一訣 제일결

針頭削鐵 침두삭철

穿耳胡人 천이호인

面門齒缺 면문치결

제일결第一訣은

바늘 끝에서 쇠를 깎고

귀 뚫은 호인胡人은

앞니가 빠졌다네.

第二訣 제이결

殺人見血 살인견혈

啞子忍痛 아자인통

無處分雪 무처분설

제이결第二訣은

살인殺人해서 피를 본다오.

벙어리는 고통을 참고 있지만

설욕할 곳이 전혀 없네.

第三訣 제삼결

陽春白雪 양춘백설

水底桃花 수저도화

山頭明月 산두명월

제삼결第三訣은

한창 봄에 흰 눈이 내린다오

물 밑에는 복사꽃이요

산마루엔 밝은 달이라.

묻기를 "어떤 것이 제일결第一訣입니까? [如何是第一訣]"라고 하자, 고덕古德이 말하기를 "산호珊瑚가지마다 달을 떠받치고 있다오.[珊瑚枝枝撐著月]"라고 하였다.

묻기를 "어떤 것이 제이결第二訣입니까?[如何是第二訣]"라고 하자, 고덕이 말하기를 "만 리가 한 가닥 무쇠라네.[萬里一條鐵]"라고 하였다.

묻기를 "어떤 것이 제삼결第三訣입니까?[如何是第三訣]"라고 하자, 고덕이 말하기를 "온갖 풀끝에서 모두 다 누설漏泄하누나.[百草頭邊俱漏泄]"라고 하였다.

第13章

분양삼구 汾陽三句

분양선소가 상당上堂하니 한 승려가 나와서 묻기를 "어떤 것이 학인이 힘써야 할 언구言句입니까?[如何是學人著力句]"라고 하자, 분양선소가 말하기를 "가주嘉州의 큰 미륵상彌勒像을 두드린다.[嘉州打大像]"라고 하였다.

또 묻기를 "어떤 것이 학인이 전신轉身할 언구言句입니까?[如何是學人轉身句]"라고 하자, 분양선소가 말하기를 "섬서陝西의 철우鐵牛에 물을 댄다.[陝府灌銕牛]"라고 하였다.

또 묻기를 "어떤 것이 학인에게 친절한 언구言句입니까?[如何是學人親切句]"라고 하자, 분양선소가 말하기를 "서하西河선사가 사자를 희롱戲弄한다.[西河弄師子]"라고 하였다.

또 말하기를 "만약 학인이 이 삼구어三語를 요해了解한다면 이미 삼현三玄을 변별한 것이다. 또 삼요어三要語가 있으니 모름지기 꼭 파악해야 할 것이다.[若人會得此三句 已辨三玄 更有三要語在切須薦取]"라고 하였다.

취암가진翠巖可眞의 문답問答

■ 취암가진翠巖可眞 : ?~1064. 자명초원慈明楚圓의 삼고제三高弟의 한 사람이다. 삼고제三高弟는 취암가진翠巖可眞, 황룡혜남黃龍慧南, 1002~1069, 양기방회楊岐方會, 993~1046이다.

승려가 묻기를 "어떤 것이 학인이 힘써야 할 언구言句입니까?[如何是學人著力句]"라고 하자, 취암가진翠巖可眞이 말하기를 "천 일 동안 나무패서 하루에 태운다오.[千日斫柴一日燒]"라고 하였다.

또 묻기를 "어떤 것이 학인이 전신轉身할 언구言句입니까?[如何是學人轉身句]"라고 하자, 취암가진翠巖可眞이 말하기를 "한 담장이 온 담장을 균형 잡는다.[一堵牆百堵調]"라고 하였다.

또 묻기를 "어떤 것이 학인에게 친절한 언구言句입니까?[如何是學人親切句]"라고 하자, 취암가진翠巖可眞이 말하기를 "온 가족이 나루터의 배에 올라 보낸다오.[渾家送上渡頭船]"라고 하였다.

第14章

분양십팔문 汾陽十八問

분양선소가 말하기를 "[불법의] 대의大意는 실문문實問問과 묵문문默問問의 변별하기 어려운 것을 제외하고는 모름지기 학인이 온전히 뜻을 알아야 하고, 나머지는 모두 시절時節이 있으므로 언설言說의 깊이를 가지고 서로 헤아려 삼가 대응對應해고 천착穿鑿하려는 마음을 함부로 내서 피차 이익이 없도록 하지 말아야 한다. 비록 좋은 인연이라도 나쁜 결과를 초래할 수 있으니, 모름지기 꼭 자세仔細하게 해야 한다.[大意除實問默問難辨 須識來意 餘者總有時節 言說淺深相度祇應 不得妄生穿鑿 彼此無利益 雖是善因 而招惡果 切須子細]"

■ 임제종臨濟宗의 맥脈은 다음과 같다. 임제의현臨濟義玄, ?~867 → 흥화존장興化存獎, 830~888 → 남원혜옹南院慧顒, 860~952 → 풍혈연소風穴延沼, 904~975 → 수산성념首山省念, 926~993 → 분양선소汾陽善昭, 947~1024 → 자명초원慈明楚圓, 987~1040 → 양기방회楊岐方會, 992~1049 + 황룡혜남黃龍慧南, 1002~1069 + 취암가진翠巖可眞, ?~1064의 순서이다.

① 청익문 請益問

■ 학인이 가르침을 높이 청請하다.

어떤 승려가 마조도일馬祖道一에게 묻기를 "어떤 것이 부처입니까?[如何是佛]"라고 하자, 마조도일이 말하기를 "마음이 곧 부처이다.[即心是佛]"라고 하였다. 조주종심趙州從諗이 말하기를 "법당 안에 있다.[殿裏底]"라고 하였다.

② 정해문 呈解問

■ 학인이 지견知見을 스승에게 점검點檢하다.

어떤 승려가 용아거둔龍牙居遁에게 묻기를 "허공이 덮을 수 없고 땅이 실을 수 없는 때는 어떻습니까?[天不能蓋 地不能載時如何]"라고 하자, 용아거둔이 말하기를 "도道란 응당 이와 같다.[道者合如是]"라고 하였다.

■ 용아거둔龍牙居遁, 835~923 : 동산양개洞山良价의 법을 받았다.

③ 찰변문 察辨問

■ 학인이 의처疑處를 지니고 직로直路를 여쭈어 스승의 감변鑑辨을 청하다.

어떤 승려가 임제선사에게 묻기를 "학인이 한 가지 질문이 있는데 스님이 계실 때는 어찌해야 합니까?[學人有一問 在和尙處時

如何]"라고 하자 임제선사가 말하기를 "빨리 말해라, 빨리 말해라![速道 速道]"라고 하거늘, 승려가 머뭇거리자 임제선사가 문득 때렸다.

④ 투기문 投機問

■ 공부工夫의 병경病境을 지니고 여쭈다.

어떤 승려가 천황도오天皇道悟에게 묻기를 "의심스러운 마음이 그치지 않을 때는 어찌해야 합니까? [疑情未息時如何]"라고 하자, 천황도오가 말하기를 "하나를 지키는 것은 참이 아니다.[守一非眞]"라고 하였다.

■ 천황도오天皇道悟, 748~807 : 마조馬祖에게 참학하다가 석두石頭에게서 깨쳤다. "그대는 바람을 보는가?", "그대의 뒷사람은 누구인가?"라는 두 질문 끝에 깨달았다. 뒤에 폐사된 천황사天皇寺에 가서 주석하니 천여 명의 학인이 와서 공부했다.

⑤ 편벽문 偏僻問

■ 학인이 편벽偏僻된 견해見解를 주장하여 꾸지람을 청하다.

어떤 승려가 파초혜청芭蕉慧淸에게 묻기를 "대지가 온통 하나의 눈동자이니 스님께서는 가르쳐주시기를 청합니다.[盡大地是箇眼睛 乞師指示]"라고 하자, 파초혜청이 말하기를 "가난한 아이가 먹다 남은 쉰밥을 만났구나.[貧兒遇餿飯]"라고 하였다.

■ 파초혜청芭蕉慧清 : 생몰년 미상이고, 백제百濟 사람이다. 남탑광용南塔光湧, 850~938의 문인으로, 파초산芭蕉山에 머물렀다.

⑥ 심행문心行問

■ 심로心路가 막힌 이를 계도啓導하다.

어떤 승려가 홍화존장興化存奬에게 묻기를 "학인은 흑백을 분간 못하니 스님께서는 방편을 가르쳐주시기를 청합니다.[學人皂白未分 乞師方便]"라고 하자, 홍화존장이 소리를 지르고는 문득 때렸다.

⑦ 탐발문探拔問

■ 학인이 약간의 소견所見으로 향처向處를 여쭈다.

어떤 승려가 풍혈연소風穴延昭에게 묻기를 "[불법을] 이해하지 못하는 사람은 어찌하여 의심하지 않습니까?[不會底人 爲甚麽不疑]"라고 하자, 풍혈연소가 말하기를 "신령스런 거북이가 땅 위를 가나니, 진흙 끄는 흔적 어찌 면하랴.[靈龜行陸地 爭免曳泥蹤]"라고 하였다.

⑧ 불회문不會問

■ 학인이 공부工夫의 요문要門을 여쭈다.

어떤 승려가 현사사비玄沙師備에게 묻기를 "학인이 잠시 총림에 들어 스님께서는 법문을 청합니다.[學人乍入叢林 乞師指示]"라고 하자, 현사사비가 이르기를 "너는 언계偃溪의 시냇물 소리를 들었느냐?[汝聞偃溪水聲麽]"라고 하거늘, 승려가 "들었습니다.[聞]"라고 하자, 현사사비가 이르기를 "그곳에서부터 들어가라.[從這裏入]"라고 하였다.

■ 현사사비玄沙師備 : 835~908. 靑原의 문인. 설봉의존雪峰義存의 법을 받다. 문하에 나한계침羅漢桂琛이 있다. 현사록玄沙錄이 있다.

⑨ 경담문 擎擔問

■ 실없이 교묘한 질문으로 스승을 시험하듯 여쭈다.

어떤 승려가 노숙老宿에게 묻기를 "세속의 지혜와 분별하는 총명을 모두 끄집어낼 필요는 없으니, 나에게 화두話頭를 돌려주십시오.[世智辨聰 總不要拈出 還我話頭來]"라고 하자, 노숙老宿이 문득 때렸다.

⑩ 치문문 置問問

■ 학인이 옛사람의 언구言句를 빌려 여쭈다.

어떤 승려가 운문문언雲門文偃에게 묻기를 "눈을 뜨고 보려고 해도 변제邊際를 볼 수 없을 때는 어떻게 해야 합니까?[瞪目不見

邊際時如何]"라고 하자, 운문문언이 말하기를 "[자기 거울에 비추어] 살펴보라.[鑒]"라고 하였다.

■ 운문문언雲門文偃 : 864~949. 황벽黃檗의 법을 이은 목주睦州에게서 깨치고 설봉雪峰의 법을 잇다. 운문종雲門宗의 개조開祖이고, 중국 선가禪家 제일의 문장文章이다.

⑪ 고문문故問問

■ 경문經文, 『열반경涅槃經』을 인용引用하여 여쭈다.

어떤 승려가 수산성념首山省念에게 묻기를 "일체중생이 모두 불성佛性을 가지고 있거늘, 무엇 때문에 알지 못하는 것입니까?[一切衆生 皆有佛性 爲甚麽不識]"라고 하자, 수산성념이 말하기를 "[비추어] 알아 보거라.[識]"라고 하였다.

⑫ 차문문借問問

■ 학인이 비유比喩로써 진심眞心의 소재所在를 여쭈다.

어떤 승려가 풍혈연소風穴延昭에게 묻기를 "큰 바다에 있는 진주는 어떻게 채취합니까?[大海有珠 如何取得]"라고 하자, 풍혈연소가 말하기를 "망상罔象이 이를 때는 찬란하게 빛을 내고, 이루離婁가 가는 곳엔 하늘에 파도 넘실대네.[罔象到時光燦爛 離婁行處浪滔天]"라고 하였다.

■ 망상罔象 : 능히 세상 밖을 보는 것을 비유한다.

■ 이루離婁 : 범부가 보지 못하는 것을 능히 보는 것을 비유한다.

⑬ 실문문 實問問

■ 학인이 청정각명淸淨覺明의 실지實地를 여쭈다.

어떤 승려가 삼성혜연三聖慧然에게 묻기를 "학인은 오직 스님이 승려인 것만 보이는데, 어떤 것이 부처이고 어떤 것이 불법입니까? [學人只見和尙是僧 如何是佛是法]"라고 하자, 삼성혜연이 말하기를 "이것이 부처[佛]이고 이것이 불법佛法인 것을 너는 아느냐? [是佛是法 汝知之乎]"라고 하였다.

■ 삼성혜연三聖慧然 : 생몰년 미상이다. 임제선사臨濟禪師의 문인이다.

⑭ 가문문 假問問

■ 학인이 현상現象을 빌려 진체眞體를 여쭈다.

어떤 승려가 경산국일徑山國一에게 말하기를 "이것은 법당法堂 안이니 저것은 부처[佛]입니까? [這箇是殿裏底 那箇是佛]"라고 하자, 경산국일이 말하기를 "저것은 법당法堂 안이다. [這箇是殿裏底]"라고 하였다.

■ 경산국일徑山國一 : 경산徑山을 거쳐 간 선사에 경산감종徑山鑑宗, 경산홍인徑山洪諲, 원오극근圓悟克勤, 대혜종고大慧宗杲, 허당지우虛堂智愚 등이 있다.

⑮ 심문문 審問問

■ 학인이 간혜幹慧로써 청정각명지淸淨覺明地를 여쭈다.

어떤 승려가 조사祖師에게 묻기를 "일체의 제법諸法은 본래 실유實有라거늘, 어느 것이 없습니까? [一切諸法 本來是有 那箇是無]"라고 하자, 답하기를 "네 물음은 답答이 아주 분명分明하거늘, 어찌 나에게 묻는 것이냐? [汝問甚分明 何勞更問吾]"라고 하였다.

⑯ 징문문 徵問問

■ 학인이 무정설법無情說法에 막혀 여쭈다.

어떤 승려가 목주도명睦州道明에게 묻기를 "조사祖師가 서쪽에서 중국으로 오신 것은 무슨 일을 하시기 위해서입니까? [祖師西來 當爲何事]"라고 하자, 목주도명이 말하기를 "무슨 일을 하시기 위해서인지 네가 말해 보거라. [爾道爲何事]"라고 하거늘, 승려가 말이 없자 목주도명이 문득 때렸다.

■ 목주도명睦州道明 : 황벽희운黃檗希運의 법을 받고 운문문언雲門文偃을 인가하다.

⑰ 명문문 明問問

■ 학인이 자증自證하였으나 다시 여쭈어 확인하다.

어떤 외도外道가 부처님에게 묻기를 "유언有言으로도 묻지 않고 무언無言으로도 묻지 않는 것에 대해 설명해 주십시오.[不問有言無言]"라고 하자 부처님이 한참 동안 말없이 계시거늘, 외도外道가 말하기를 "대자대비大慈大悲하신 부처님께서는 먹구름처럼 짙게 덮힌 저의 미혹迷惑됨을 열어주시어 저로 하여금 깨달을 수 있게 해 주셨습니다.[世尊大慈大悲 開我迷雲 令我得入]"라고 하였다.

⑱ 묵문문 默問問

■ 학인이 대오大悟의 문전門前에서 묵묵히 여쭈다.

어떤 외도外道가 부처님이 계신 곳에 찾아와서 말없이 서 있자, 부처님이 말씀하기를 "몹시 많구나.[甚多]"라고 하거늘, 외도外道가 말하기를 "대자대비하신 부처님께서는 저로 하여금 깨달을 수 있게 해 주셨습니다.[世尊大慈大悲 令我得入]"라고 하였다.

[분양선소汾陽善昭가 말하였다.]

"무릇 학인은 편벽偏僻된 언구言句에서 혹 장차 올 것을 덮어가린 채, 스승의 안목眼目을 분별하기도 하고 혹 지견知見을 보여 두각頭角을 드러내기도 하므로, 하나하나 시험試驗해서 모두 부수어야 한다. 오직 면전面前에서 알아내어 깎아내리거나 추켜 올리기를, 명경대明鏡臺를 마주한 것처럼 한다면 어떠한 귀신과 도깨비라도 드러날 것이니, 어찌 요망한 여우가 제 본래本來 모습을 감출 수 있을 것인가.[凡有學人偏僻言句 或蓋覆將來 辨師家眼目 或呈知見 擎頭戴角 一一試之 盡皆打得 只爲當面識破 或貶或褒 明鏡臨臺 是何精魅之可現 何有妖狐能隱本形者也]"

第15章

부산법원浮山法遠의 구대九帶

■ 부산법원浮山法遠 : 991～1067. 오대五代의 스님이다.

부산선사浮山禪師는 제자들에게 설법할 때 늘 종문宗門의 언구言句를 두루 들었고, 학인들이 그것을 모아 엮어서 선사禪師에게 이름을 붙여줄 것을 청하자, 선사禪師는 그것이 부류별로 나누어 모은 것이었기 때문에 『불선종교의구대집佛禪宗教義九帶集』이라고 하였으니, 대개 반고[班固, 32～93]가 『한서漢書』에서 제자백가諸子百家를 구류九類로 나누어 그 「예문지藝文志」를 지은 것에 비긴 것이다.

① 불정법안장대佛正法眼藏帶

진실한 이치가 법신法身을 깨닫게 하고 비춤[照]과 드러냄[用]의 공능功能이 보토報土를 이루어주니, 여러 부처[佛]의 본래 인연이 이미 그러하고, 여러 조사祖師의 큰 본보기도 또한 그러하다. 오부五部로 분종分宗하여 만파萬派의 사찰이 바둑돌처럼 많아졌지만, 한 등불에서 나누어진 불꽃은 시방十方의 법석法席에 비늘처럼 줄지어 늘어서 있다.[夫眞實之理 證成法身 照用之功 作爲報土 諸佛之本因旣爾 諸祖之洪範亦然 五部分宗 萬派之精藍碁布 一燈分焰 十方之法席鱗差]

또 『화엄경華嚴經』에 "여래如來가 세상에 오지 않았으면 열반涅槃 또한 있지 아니하다.

『화엄경』에 이르기를 "여래가 세상에 오시지 않았다면, 또 열반도 없었을 것이다.[如來不出世 亦無有涅槃]"라고 하였다. 옛날 영산회상에서 세존께서 청련목靑蓮目을 잠시 사부대중에게 보이시자 그 은밀한 뜻을 아무도 알 수 없었지만, 오직 대가섭大迦葉만 홀로 부처님의 뜻을 이해하였다. 경經에 이르기를 "부처님이 대가섭에게 일러 말씀하시기를 '나에게 정법안장正法眼藏과 열반묘심涅槃妙心이 있으니 너에게 맡기노라. 너는 마땅히 세상에 널리 전파하여 끊어지지 않게 하라.[吾有正法眼藏、涅槃妙心 付囑與汝 汝當流布 勿令斷絶]'고 했다."라고 하였다.

또 열반하실 때 아난阿難에게 일러 말씀하시기를 "십이부경을 너는 마땅히 세상에 널리 유통시켜야 할 것이다.[十二部經 汝當流通]"라고 하셨고, 우바리優波離에게 일러 말씀하시기를 "일체의 계율을 너는 마땅히 받들어 지녀야 할 것이다.[一切戒律 汝當奉

持]"【한 본에는 '받들어 지니다.'는 의미의 '봉지奉持'가 '받아서 지닌다.'는 의미의 '수지受持'로 되어 있다.】라고 하셨으며, 대가섭大迦葉에게 부촉하면서 지은 게송에는,

法本法無法 법본법무법
無法法亦法 무법법역법
今付無法時 금부무법시
法法何曾法 법법하증법

법法이란 본래로 무법無法의 법法이거니
무법無法의 법法 또한 법法이라,
무법無法의 법法을 지금 부촉付屬하나니
법法이라 법法이라 일찍이 무슨 법法인가.

라고 하였다. 이에 대가섭은 부처님의 가사를 가지고 계족산 속에서 적멸정寂滅定에 들어 자씨[미륵]보살이 하생下生하시기를 기다리며 공손히 분부를 받들었다.

고덕古德의 착어著語

鳥棲無影樹 조서무영수
花發不萌枝 화발불맹지

四海波濤靜 사해파도정

一輪明月天 일륜명월천

그림자 없는 나무에 새 깃들고,
싹 나지 않은 가지에 꽃이 핀다오.
사해四海에 치던 파도 잔잔해지고,
하늘에는 둥그런 밝은 달이 하나.

대원경지大圓鏡智의 게송

佛正法眼 불정법안

迦葉親聞 가섭친문

祖禰不了 조녜불료

殃及兒孫 앙급아손

부처님의 정법안장正法眼藏을
대가섭大迦葉이 친히 들었나니
조사祖師 이어 그 제자 깨닫지 못하면
재앙이 손손孫孫에 미친다오.

대혜종고 大慧宗杲의 게송

迢迢空劫不能拘 초초공겁불능구
佛眼何曾識得渠 불안하증식득거
妙體本來無位次 묘체본래무위차
正因那得有規模 정인나득유규모

아득한 공겁空劫이라 구속할 수 없었나니
불안佛眼이 그것을 알았던 적 있었던가.
묘체妙體는 본래부터 위차位次가 없었나니
정인正因에 어찌 규모規模가 있으랴.

太虛寥廓塵埃淨 태허요확진애정
智鑑圓明物象殊 지감원명물상수
從此華山千古秀 종차화산천고수
任他潘閬倒騎驢 임타반랑도기려

넓고 텅 빈 태허太虛에 티끌도 청정하거니
지감智鑑은 물상物象을 두렷 밝게 비춘다오.
이로부터 화산華山은 천고에 빼어나나니
반랑潘郎이야 나귀를 거꾸로 타든 말든.

■ 공겁空劫 : 시공간時空間이 끊어진 허공으로, 자성自性의 본래 처소이다.

■ 불안佛眼 : 자성自性의 청정각명淸淨覺明이다.

■ 태허太虛 : 시공간時空間이 끊어진 자성自性의 비유이다.

■ 지감智鑑 : 공적영지空寂靈知의 본래면목本來面目이다.

■ 반랑潘郞 : 북송北宋 때의 인물로, 호는 소요자逍遙子이다.

② 불법장대佛法藏帶

■ 삼승三乘 : 성문 연각 보살의 가르침 밖에 여러 조사祖師의 별전別傳이 만상萬象 가운데 찬란하게 우뚝 드러났다. 그러나 가는 티끌을 아직 없애지 못하여 관산關山이 가로막혀 헤아려 보는 동안 차이가 나게 되면 천생만겁의 시간이 흐르게 된다. 삼현三賢을 알지 못하니 십성十聖을 어찌 알 것이며, 중류衆流를 끊어내었으니 어떻게 모을 것인가. 성인聖人은 만물을 차근차근 이루어주되 그침이 없고 모든 형상을 조각하여 주되 공을 내세움이 없거늘, 하물며 여래장如來藏이야 어떠하겠는가.[夫三乘敎外 諸祖別傳 萬象之中 逈然獨露 纖塵未泯 阻隔關山 擬議差殊 千生萬劫 三賢未曉 十聖那知 截斷衆流 如何湊泊 聖人曲成萬物而不已 刻雕衆形而無功 而況如來藏乎]

■ 삼현三賢 : 십주十住 십행十行 십회향十回向의 현인賢人이다.

■ 십성十聖 : 초지보살初地菩薩부터 십지보살十地菩薩까지이다.

이른바 장藏이란 삼세三世를 망라한 과거・현재・미래의 모든 불법장佛法藏이다. 그 가운데 대승大乘과 소승小乘이 있으니, 소승은 성문聲聞과 연각緣覺이 되고, 대승은 보살菩薩을 말한다. 중간에 가지가 나뉘어 여덟이 되었는데 삼장三藏과 오승五乘이라고 하는 것이니, 그 삼장은 경장經藏・율장律藏・논장論藏을 말하며, 오승은 성문聲聞·연각緣覺·보살菩薩을 말하고 인승人乘과 천승天乘을 겸섭한다.[所謂藏者 該括三世過現未來諸佛法藏 其間有大小乘 小乘爲聲聞緣覺 大乘謂菩薩 於中支分爲八 謂三藏五乘 其三藏謂經律論 五乘謂聲聞緣覺菩薩而兼攝人天]

그렇다면 교敎는 명수名數로 나뉘지만 근본에 의거하여 세워서 일승一乘을 여의지 않는다. 『법화경』에 이르기를 "일승의 도에서 분별하여 삼승을 말하였다."라고 하였으며, 또 이르기를 "아직 이승二乘도 없거늘, 하물며 삼승三乘이 있을 것인가."라고 하였으며, 또 이르기를 "오직 이 일승一乘만이 사실이고, 나머지 두 승乘은 진실이 아니다."라고 하였으니, 이것은 근본에 의거해서 방편을 세웠음을 밝힌 것이다.[然則教分名數 依根所立 而不離一乘 法華經曰 於一乘道 分別說三 又曰 尙無二乘 何況有三 又曰 惟此一事實 餘二則非眞此明依根立權]

『화엄경』에 이르기를 "여래장如來藏은 법계를 본체로 삼으니, 여래장은 전제前際와 후제後際도 없으며 생성하고 소멸하는 법도 없으며 수행하여 증득할 자리도 없어서 상대가 없는 절대적인 의리이다."라고 한 것과 같다.[如華嚴說 如來藏以法界爲體 如來藏無前後際 無成壞法 無修證位 絶對待義]

그래서 문수보살文殊菩薩은 다음과 같이 게송을 읊었다.

一念普觀無量劫 일념보관무량겁
無去無來亦無住 무거무래역무주
如是了知三世事 여시료지삼세사
超諸方便成十力 초제방편성십력

무량겁無量劫을 한순간에 보관普觀하면
과거 없고 미래 없고 현재 또한 없느니라.
이와 같이 삼세三世의 일 분명히 알면
모든 방편 뛰어넘어 십력十力을 이루니라.

성인聖人이 요의了義와 불요의不了義를 설명하면서 둘 다 아울러 근본에 의거해서 안정되게 세웠는지라 모든 부처님이 수의설법隨宜說法하시니, 의취를 분별하기 어렵다. 삼장三藏과 오승五乘은 각기 종지宗旨가 있으니, 일승一乘의 논의에서는 원돈圓頓과 반만半滿을 둘 다 아울러 방편으로 세웠다.[聖人說了義不了義 並是依根安立 諸佛隨宜說法 意趣難辨 三藏五乘各有宗旨 於一乘論 圓頓半滿並是權立]

오직 『화엄경』만 법계로 체량體量을 삼았는데, 부처와 중생이 동일한 체성體性이라 본래 수행하여 증득證得할 것도 없으며, 본래 얻고 잃을 것도 없으며, 번뇌를 끊어낼 것도 없으며, 보리를 구할 것도 없으니, 사람과 사람 아닌 것의 성상性相이 평등平等하다.[惟華嚴一經 以法界爲體量 佛與衆生同一體性 本無修證 本無得失

無煩惱可斷 無菩提可求 人與非人 性相平等]

고덕古德의 착어著語

掬水月在手 국수월재수

弄花香滿衣 농화향만의

古澗寒泉涌 고간한천용

青松雪後蒼 청송설후창

물을 한줌 움켜쥐니 손에는 달이 있고,

꽃 잡고 희롱하니 향기가 옷에 가득.

옛 시내에 차가운 샘물이 솟아나고,

푸른 솔은 눈 온 뒤에 한층 더 푸르다오.

대원경지大圓鏡智의 게송

吾佛法藏 오불법장

撈摝衆生 노록중생

百千三昧 백천삼매

彈指圓成 탄지원성

우리 여래如來 정법안장正法眼藏은
중생을 어둠에서 건지시니
백 천의 삼매三昧라
순식간에 원만히 이루신다오.

대혜종고大慧宗杲의 게송

十方通攝了無遺 십방통섭료무유
三際全超在此時 삼제전초재차시
聖號凡名同一舌 성호범명동일설
劣形殊相謾多岐 열형수상만다기

시방을 통섭通攝하여 남김 없고
삼세三世 오롯 초월超越도 바로 이때 일세.
성인 범부 그 이름은 한 입에서 나온 말
이런 꼴 다른 형상 부질없이 갈래 많구나.

家家門外長安道 가가문외장안도
處處窟中師子兒 처처굴중사자아
打破淨瓶無一事 타파정병무일사
杜鵑啼在落花枝 두견제재락화지

집집의 문밖 모다 장안長安으로 향하는 길
곳곳마다 굴속에는 사자의 새끼일세.
정병淨甁을 깨트리면 다시는 일 없나니
지는 꽃가지에 두견새 우누나.

③ 이관대理貫帶

■ 진심眞心을 철견徹見하면 곧 무사無事에 나아가나니, 이 바로가 정위正位라, 이름을 하여 이관대理貫帶라고 한다.

성색聲色으로 다다르지 못하여 언어言語로는 설명하기 어렵지만 고금에 역력하여 본래 틈이 없었다. 언어로 도道를 드러내어 곡진히 지금 시대를 위하여 불자拂子를 세우고 눈썹을 치켜 올린 채 많은 말을 해서 가르침을 내렸다. 천연天然의 상사上士는 어찌 인도를 받을 것인가? 중하中下의 근기根機는 낚시 바늘 끝에서 법法을 취하는데, 스승의 심기와 제자의 심기心機가 꼭 맞아도 묘妙하지 않나니, 허물은 누구에게 있는가? 다시 혹 주저하면서 오히려 도리어 아둔함을 더하도다.[夫聲色不到 語路難詮 今古歷然 從來無間 以言顯道 曲爲今時 竪拂揚眉 周遮示誨 天然上士 豈受提撕 中下之機 鉤頭取則 投機不妙 過在何人 更或躊躇 轉加鈍置]

이관대理貫帶란 이치가 바로 정위正位인데, 그 정위正位 속에

한 법도 없이 텅 빈 실제實際와 같으니, 그 실제實際의 이지理地는 한 티끌도 받아들이지 않는다.[理貫帶者 理即正位也 其正位中 而無一法空同實際 其實際理地 不受一塵]

고덕古德의 착어著語

衆角雖多 중각수다
一麟足矣 일린족의
動容揚古路 동용양고로
不墮悄然機 불타초연기

뭇 뿔이 허다히 많다고 해도,
기린의 외뿔로 족하다오.
거동과 용모 옛 길에 드날리나니,
초연悄然한 기미에 아니 떨어지네.

대원경지大圓鏡智의 게송

理貫全收 이관전수
萬派同流 만파동류

毘盧華藏 비로화장

物物頭頭 물물두두

이관대理貫帶 온전히 거두나니

만 갈래가 하나로 흐름이라.

비로자나불[法身佛]의 화장세계華藏世界라

두두물물頭頭物物이 설하누나.

대혜종고大慧宗杲의 게송偈頌

眞理何曾立一塵 진리하증립일진

呼爲正位早疎親 호위정위조소친

烏鷄半夜鳴何處 오계반야명하처

枯木花開劫外春 고목화개겁외춘

진리를 한 티끌에 세운 적이 있었던가

정위正位라 불러 일찍 친소親疏 가렸다네.

검은 닭 한밤중에 어디서 우는 건가

고목古木에 꽃 피니 겁劫 밖의 봄이라네.

信手垂慈常利物 신수수자상리물

擬心執著已乖眞 의심집착이괴진

君看鶴樹泥洹日 군간학수니원일

曾擧雙趺示衆人 증거쌍부시중인

손가는 대로 자비라 만물을 늘 이롭게 하나니

헤아려 집착하면 이미 참에 어긋난다네.

보게나, 학수鶴樹에서 열반에 드시던 날

두 다리 내밀어 대중에게 일찍이 보이셨네.

■ 학수鶴樹 : 세존世尊이 사라쌍수娑羅雙樹 아래에서 열반涅槃에 들자, 쌍수雙樹가 백색白色으로 변하여 붙은 이름이다.

④ 사관대事貫帶

■ 사관대事貫帶는 산하대지山河大地와 국토國土와 범부凡夫와 만사萬事가 불법佛法 아님이 없다는 의미이다.

해와 달이 비추지 못하고 하늘과 땅이 덮어주고 실어주지 못하는데, 겁화劫火로 소멸될 때도 그것은 늘 편안하여 만법萬法이 사라질 때 전체全體를 드러낸다. 기연機緣 따라 변하지 않고, 싸우는 곳에 처해서도 늘 고요하니, 한 줄기 은혜의 빛을 누군들 나누지 않겠는가.[夫日月照臨不到 天地覆載不著 劫火壞時彼常安 萬法泯時全體露 隨緣不變 處鬧常寧 一道恩光 阿誰無分]

『화엄경』에 이르기를 "국토國土가 설법하고 중생衆生이 설법하고 삼세국토三世國土가 일시一時에 설법한다.[剎說衆生說 三世國

土一時說]"라고 하였다.

고덕古德의 착어著語

覓火和烟得 멱화화연득
檐泉帶月歸 첨천대월귀
石長無根樹 석장무근수
山含不動雲 산함부동운

불을 찾아 연기煙氣도 함께 얻고,
샘을 지고 달을 담아 돌아온다.
바위에 뿌리 없는 나무 자라고,
산은 부동不動의 구름 품었네.

대원경지大圓鏡智의 게송

事貫萬有 사관만유
纖塵不漏 섬진불루
萬象森羅 만상삼라
全機無咎 전기무구

사관대事貫帶는 만유를 포괄하나니
가는 티끌 하나도 아니 새나니.
우주 간의 삼라만상森羅萬象
온전한 기미機微라 허물이 없다네.

대혜종고 大慧宗杲의 게송

轉處孤危萬事休 전처고위만사휴
隨緣得旨復何求 수연득지부하구
群生造化乘斯力 군생조화승사력
一道靈光觸處周 일도령광촉처주

구르는 곳 높고 위태해 만사萬事가 그만이니
인연 따라 종지宗旨 얻을 뿐 다시 무얼 구하랴.
뭇 생명은 조화의 이 힘을 타고
한 줄기 신령한 빛 곳곳을 두루 비춘다오.

即事即空無剩法 즉사즉공무잉법
全心全佛有來繇 전심전불유래요
填溝塞壑無人會 전구색학무인회
可笑騎牛更覓牛 가소기우갱멱우

사사事事가 본공本空이라 남은 법 없나니
온 마음 온 부처라 유래한 까닭이라네.
도량 모두 메워져도 아는 사람 없으니
소를 타고 소를 찾는 그것이 우습다오.

⑤ 이사종횡대 理事縱橫帶

■ 이사종횡대理事縱橫帶란 이理와 사事가 전일全一하여 함이 없이 행함에 종횡무애縱橫無碍라 함이다.

대저 눈에 들어오는 것이 모두 도道이거니, 불사佛事의 문중에서 자취를 끊어내고 사심邪心을 없애고서야 실제實際를 통관通貫하고 현상[事]과 체성(體性: 理)이 원융圓融해서 비춤[照]과 드러냄[用]을 더불어 운용한다. 만일 기량器量이 감당해 낼 수 있다면 기연機緣따라 감응할 것이니, 문중門中 기풍氣風을 드러내 넓히는 것은 각각 당사자에게 달려 있다. 그러나 종승宗乘을 세워서 억지로 가지와 줄기를 만든다면, 문을 나서서 길을 물음에 동쪽을 가리키고 서쪽을 가리키게 되니, 억겁億劫을 지나도록 완악頑嚚하고 어리석을 것이거늘 어떻게 일깨울 것인가.[夫觸目是道 佛事門中 絶跡無私 通貫實際 圓融事理 運用雙行 器量堪任 隨機赴感 門風露布 各在當人 建立宗乘 強生枝節 出門問路 指東畫西 歷劫頑嚚 如何扣發]

고덕古德의 착어著語

針鋒頭上翻筋斗 침봉두상번근두

紅爐焰裏碧波生 홍로염리벽파생

猿抱子歸青嶂裏 원포자귀청장리

鳥啣花落碧巖前 조함화락벽암전

바늘 끝에서 재주넘기를 하고

붉은 화롯불 속에서 푸른 파도 일어나네.

원숭이는 새끼 안고 청산으로 돌아가고,

새는 꽃잎 물고 파란 바위 앞에 앉네.

대원경지大圓鏡智의 게송

理事縱橫 이사종횡

照用齊行 조용제행

這邊那邊 저변나변

日午三更 일오삼경

이치[理]와 사실[事]을 종횡縱橫으로 나투고

비춤[照]과 드러냄[用] 함께 쓰나니.

이쪽이든 저쪽이든

한낮이거나 삼경三更이거나.

대혜종고大慧宗杲의 게송

塵塵實際本和融 진진실제본화융
擧體全該事理同 거체전해사리동
應物行權無定法 응물행권무정법
隨緣立理絶羅籠 수연립리절라롱

진진塵塵의 실제는 본래부터 융화하나니
모두 체體를 갖췄어라 이사理事가 하나라오.
일에 응해 방편 쓰니 정해진 법法이 없고
기연機緣 따라 이치 서니 그물망[妄見]이 끊어지네.

竿頭有路通車馬 간두유로통거마
棒下無生觸祖翁 봉하무생촉조옹
出沒縱橫全體用 출몰종횡전체용
夕陽西去水流東 석양서거수류동

백척간두百尺竿頭에 길 있어 거마가 통행하고
방할棒喝아래 무생법無生法이 조사祖師에 닿았네.
출몰出沒이 자재하여 체용이 온전하거니
석양빛 서西로 지고 물은 동東으로 흐른다네.

⑥ 굴곡수대屈曲垂帶

■ 굴곡수대屈曲垂帶란 거친 옷과 음식으로 수행하여 마침내 확철대오廓徹大悟하여도 불위佛位에 들지 않고, 중생의 제도를 위해 낮은 데 거처하며 불법佛法을 펴는 것이다.

수垂란 성인이 기연에 수기垂機하여 대중을 상대하는 것이요, 굴곡屈曲이란 진어복珍御服을 벗고 헤지고 더러워진 옷을 입는 것이다.[夫垂者 聖人垂機接物也 屈曲者 脫珍御服 著弊垢衣也]

■ 진어복珍御服 : 천자의 옷. 여기서는 불위佛位를 뜻한다.

동안상찰同安常察이 말하기를 "때 낀 옷 잠시 걸치면 부처라고 하거늘, 진어복珍御服 도로 입으면 또 무어라 해야 할지? 진어복珍御服은 세상을 못 벗어났다 하고, 때 낀 옷 세상을 벗어났다 하는구나.[權掛垢衣云是佛 却裝珍御復名誰 珍御名不出世 垢衣名出世]"라고 하였다.

어떤 승려가 석문혜철石門惠徹선사에게 묻기를 "운광법사雲光法師는 무엇 때문에 도리어 소가 되어 간 것입니까?[雲光法師爲甚麽却作牛去]"라고 하자, 석문혜철石門惠徹선사가 말하기를 "누추한 골목에서는 금색 준마를 타지 않고, 돌아오는 길에는 도리어 헤진 난삼襴衫을 입는다.[陋巷不騎金色馬 回途却著破襴衫]"라고 하였다.

■ 석문혜철石門惠徹 : 청림사青林寺 구봉건九峯虔선사의 법을 받았다.

성인聖人은 성불成佛한 뒤에 도리어 보살菩薩이 되어 중생을 이익이 되게 인도하나니, 이것을 머무는 바 없이 무위無爲를 행하고[不住無爲], 다함 없이 유위有爲를 나툰다.[不盡有爲]라고 하는 것이다.[聖人成佛後 却爲菩薩 導利衆生 是名不住無爲、不盡有爲矣]

문수보살文殊菩薩이 유마거사維摩居士에게 물어 말하기를 "보살은 어찌해야 불도佛道에 통달通達했다고 하는 것입니까?[菩薩云何通達佛道]"라고 하자, 유마거사가 말하기를 "보살이 비도非道에서 행하면, 이것을 불도佛道에 통달했다고 하는 것입니다.[菩薩行於非道 是名通達佛道]"라고 하였다.

▎고덕古德의 착어著語

慈雲普覆無邊際 자운보복무변제
枯木無花爭奈何 고목무화쟁내하
宛轉是非從曲直 완전시비종곡직
箇時消息解通風 개시소식해통풍

자비 구름 널리 덮여 끝 간 데가 없거늘
고목古木에 무화無花라 다툰들 어이하랴.

시비是非에 구르는 것 시비是非를 좇는 것이니
그때의 소식消息은 바람이 아니나니라.

대원경지大圓鏡智의 게송

屈曲垂慈 굴곡수자
棒喝齊施 방할제시
覆藏密旨 복장밀지
少室靈枝 소실령지

굴곡수대屈曲垂帶 자비하여
방棒과 할喝을 들어 베푼다네.
복장覆藏의 밀지密旨는
소림굴少林窟의 신령한 가지일세.

대혜종고大慧宗杲의 게송

不裝珍御示初機 부장진어시초기
出世權披弊垢衣 출세권피폐구의
細路曲盤連夜過 세로곡반련야과
垂絲千尺鉤還曲 수사천척구환곡

진어복珍御服 안 차린 것 초기初機를 보임이라
세상 나가 낡고 때 낀 옷을 입었다네.
좁은 길 구불구불 연일로 밤 지나는데
고향은 아득아득 언제나 돌아가랴.

故鄕迢遞幾時歸 고향초체기시귀
利物多方語帶悲 이물다방어대비
休論長安風物好 휴론장안풍물호
得便宜是落便宜 득편의시락편의

낚싯줄 천 자인데 바늘 외려 굽어 있고
이利로운 방편 많아 말은 자비 띠네.
장안長安의 풍물 좋다 논하지 마시게나
편의便宜를 얻으면 바로 편의便宜에 떨어지리.

⑦ 묘협겸대妙叶兼帶

■ 묘협겸대妙叶兼帶란 스승과 제자의 사이에 영지靈知의 기미機微가 통명通明하여 미묘微妙하게 계합契合하는 것이다. 비슷한 말에 줄탁동시啐啄同時가 있다.

여주 풍혈연소風穴延昭선사가 대중에게 설법하였다.

대저 수행자의 안목은 기연機緣에 임해서 즉시 큰 작용이 앞에 나타나야 하고, 스스로 작은 일에 구애받지 말아야 할 것이다. 설사 언구言句 이전을 얻더라도 오히려 껍질에 막히고 봉해진 곳에서 헤매이게 미혹되며, 가령 언구 아래에서 정밀精密하게 통했다고 하더라도 만나는 곳마다 미친 견해[狂見]임을 면하지 못할 것이다.[夫參學眼目 臨機直須大用現前 莫自拘於小節 設使言前薦得 猶是滯殼迷封 縱饒句下精通 未免觸途狂見]

너희에게 권하노니, 마땅히 종전에 다른 사람에게 의지해서 이해한 것은 밝음과 어둠 두 갈래라, 범부와 성인의 의심하는 마음을 일시에 모두 쓸어버려야 즉시 개개인이 사자처럼 포효하는 한 소리를 낼 수 있을 것이다. 만 길 절벽으로 우뚝 서서 누가 감히 바른 눈으로 응시할 것인가? 만일 응시한다면 그 눈은 멀어버릴 것이다.[勸汝諸人 應是從前依他作解 明昧兩岐 凡聖疑情 一時掃却 直教箇箇如師子兒哮吼一聲 壁立萬仞 誰敢正眼覷著 覷著則瞎却渠眼]

고덕古德의 착어著語

一句曲含千古韻 일구곡함천고운
萬重雲散月來初 만중운산월래초
垂絲千尺 수사천척
意在深潭 의재심담

한 구절의 노래가 천고千古의 운치 담고
만 겹 구름 흩어지자, 달이 얼굴 내미네.
천 자 되는 낚시 드리움이라
뜻은 깊은 못에 있다네.

대원경지大圓鏡智의 게송

妙叶眞機 묘협진기
境物如如 경물여여
是凡是聖 시범시성
無欠無餘 무흠무여

묘협겸대妙叶兼帶 진실한 대기大機
경계境界와 만사萬事에 여여如如하도다.
범부凡夫도 그러하고 성인聖人도 그러하나니
모자람도 남을 것이 없다네.

대혜종고 大慧宗杲의 게송

擡搦繇來作者知 대닉요래작자지
箇中一字兩頭垂 개중일자량두수
同生同死何時曉 동생동사하시효
雙放雙收擧世疑 쌍방쌍수거세의

들고 누르는 연유야 작자作者는 알 것이라
그 중에 한 글자를 두 머리에 드리웠네.
함께 죽고 함께 삶을 언제나 깨달으랴
부정否定하고 긍정肯定함에 온 세상이 의심하네.

照膽蟾光沈碧漢 조담섬광침벽한
拍天滄海浸須彌 박천창해침수미
聞韶忘味有餘樂 문소망미유여악
方識詩人句外奇 방식시인구외기

간담肝膽 비춘 달빛은 하늘에 잠기고
하늘 치던 바다는 수미산須彌山에 잠긴다오.
고기 맛도 잊게 한 소악韶樂 여음이 남았나니
시인이 언구言句 밖에 기이奇異 둚을 알겠노라.

⑧ 금침쌍쇄대 金鍼雙鎖帶

저 계족산鷄足山에서 분등分燈한 이후 소림사에서 선향을 전한 이래로 각기 현풍玄風을 밝히니, 번갈아 불사佛事가 일어났다. 만일 언전言傳에 의지해서 근거를 삼았다면 끊어진 법문을 다시 허위로 닦는 공부가 되어【한 본에는 "다시 혹 공덕과 행실을 닦는다.[更或功行修持]"로 되어 있다.】 선성先聖의 가르침은 가라앉혀버렸을 것이다. 낱낱이 분명하게 드러내고 사물마다 진실을 밝히고 있으니, 주저하지 말고 곧바로 말을 해야 할 것이다.[夫鷄足分燈之後 少林傳芳以來 各闡玄風 互興佛事 若憑言詮爲據 斷滅法門 更成造作修功 平沈先聖 頭頭顯露 物物明眞 不用躊躇 直截便道]

▌고덕古德의 착어著語

風吹南岸柳 풍취남안류
雨折北池蓮 우절북지련
白鷺下田千點雪 백로하전천점설
黃鸝上樹一枝花 황리상수일지화

남쪽 언덕 버들은 바람에 흔들리고,
북쪽 연못 연꽃은 비를 맞아 꺾였다오.
백로가 들에 내려오니 천 송이 눈 내리고,
꾀꼬리 나무에 앉자 한 가지에 꽃이 피누나.

대원경지大圓鏡智의 게송

金鍼雙鎖 금침쌍쇄
全心印可 전심인가
有句無句 유구무구
千花萬朶 천화만타

금침金鍼으로 양변兩邊을 쌍쇄雙鎖하나니
전심全心을 인가印可하도다.
언구言句가 있거나 없거나
천 송이 만 송이 꽃이라네.

대혜종고大慧宗杲의 게송

突出全機理事玄 돌출전기이사현
東村王老夜燒錢 동촌왕로야소전
等閑得路明如日 등한득로명여일
擧步回頭直似弦 거보회두직사현

전기全機가 돌출하니 이사理事가 현묘玄妙하이
동쪽 마을 왕노인은 제석에 지전紙錢 태운다오.
등한等閑히 얻은 길 밝기가 해와 같고

걷다가 고개 돌리니 곧기가 현弦과 같네.

玄要並行無別語 현요병행무별어
機緣纔兆不堪傳 기연재조불감전
信手拈來百事全 신수념래백사전
從來大道無拘束 종래대도무구속
信手拈來百事全 신수념래백사전

삼현삼요三玄三要 병행하면 별어別語가 없나니
기연機緣이 드러나도 감히 전하지 못한다오.
예로부터 대도大道는 구속됨이 있지 않나니
손 가는 대로 집어도 만사萬事가 온전하다네.

⑨ 평회상실대 平懷常實帶

■ 평회상실대平懷常實帶란 불법佛法의 실제實際가 행주좌와行住坐臥 어묵동정語默動靜의 일상日常에 갖추어 있음을 이르는 것이다. 말하자면 평범한 일상 속에 공적영지空寂靈知가 온전하여 쉼이 없으나, 범부가 스스로 망념妄念을 좇는 고로 어두운 것이다. 남전보원南泉普願이 평상심시도平常心是道라 함이 곧 평회상실대平懷常實帶를 가리킨 것이다.

낙포화상洛浦和尙이 대중에게 설법하였다.

최후의 일구一句에서 비로소 뇌관에 이르러 요진要津을 끊어버리면 범부건 성인이건 다니지 못한다. 나는 평소에 너희들에게 "천하 사람들이 마음대로 싱글벙글 즐거워하지만 나는 홀로 내켜하지 않는 것은 왜 그런 것인가?"라고 말한다. 신령한 거북이 황하에서 신비한 도상圖象을 지고 나왔다가 스스로 목숨을 잃는 빌미가 되었다. 황금 그물에 걸린 봉황이 하늘로 날아가려고 한다면 언제 하겠느냐? 나는 평소에 너희들에게 "모름지기 종지宗旨 밖에서 종宗을 밝혀야 하고, 언구言句 안에서 법法을 취하지 말라."라고 하였다. 그래서 "석인石人의 근기가 너희 같다면, 파가巴歌를 부를 것이다. 너희가 만약에 석인石人 같다면, 양춘백설陽春白雪의 노래 또한 화답和答하리라."라고 한 것이다.[末後一句 始到牢關 把斷要津 不通凡聖 尋常向汝諸人道任從天下樂忻忻 我獨不肯 何故 靈龜負圖 自取喪身之兆 鳳縈金網 擬趨霄漢以何期 尋常向汝諸人道須於旨外明宗 莫向言中取則 所以道石人機似汝 也解唱巴歌 汝若似石人 雪曲也應和]

- 파가巴歌 : 하리파인下里巴人의 준말이다. 전국시대 초楚나라의 민간 가곡으로, 통속적인 노래를 뜻한다.
- 양춘백설陽春白雪 : 전국시대 초楚나라의 고상한 가곡으로, 화답하기 어려운 고상한 노래를 뜻한다.

한 승려가 남전보원南泉普願선사에게 묻기를 "어떤 것이 도道입니까?"라고 하자, 남전보원이 말하기를 "평상심平常心이 도道이다."라고 하였다.[僧問南泉如何是道 泉云平常心是道]

만약 평상平常의 도道에 통하게 되면 산을 보면 곧 산이고 물을 보면 곧 물이라, 손 가는 대로 집어온 풀조차도 가可할 것도 없고 불가不可할 것도 없다. 설사 바람이 불어와 나무가 흔들리고 파도가 일어나 배가 높아지더라도, 봄에는 싹이 나고 여름에는 자라나고 가을에는 거두고 겨울에는 감추리니, 무슨 차이가 있을 것인가.[如達平常道也 見山即是山 見水即是水 信手拈來草 無可無不可 設使風來樹動 浪起船高 春生夏長 秋收冬藏 有何差異]

다만 바람이 고르게 불고 비가 때맞춰 내리면, 나라가 태평하고 백성이 편안하고 변방이 안정되고 임금과 신하의 도가 합해질 것이니, 어찌 기린麒麟이 출현하고 봉황鳳凰이 찾아와 춤을 추고서야 비로소 성대聖代의 상서祥瑞를 드러낼 것이겠는가. 오직 이치가 그 도道에 돌아가서 일이 바르고 진실하면, 구할 성인聖人도 없고 버릴 범부凡夫도 없어서, 안팎을 바로 지녀 사라져 저절로 다할 것이다. 그래서 모든 성인의 언어는 세간世間의 도리道理를 여의지 않고 세간世間의 도리道理를 따르나니, 만나면 도중途中에 받아들여 쓰이고 만나지 못하면 세간世間의 도리道理로 유전될 것이다.[但得風調雨順 國泰民安 邊方寧靜 君臣道合 豈在麒麟出現 鳳凰來儀 方顯祥瑞哉 但得理歸其道 事乃平實 無聖可求 無凡可捨 內外平懷 泯然自盡 所以諸聖語言 不離世諦 隨順世間 會則途中受用 不會則世諦流布]

고덕古德의 착어著語

長因送客處 장인송객처

憶得別家時 억득별가시

늘 손님을 보내는 자리에서는

집 떠날 때의 생각을 하게 되노라.

대원경지大圓鏡智의 게송

平懷常實 평회상실

事圓理畢 사원리필

露柱燈籠 노주등롱

無得無失 무득무실

평상심平常心은 언제나 진실하나니

일[事]은 원만하고 이치[理]를 모두 갖추었다오.

노주露柱와 등롱燈籠은

득得도 없고 실失도 없나니라.

대혜종고 大慧宗杲의 게송

更無回互本圓成 갱무회호본원성
覿面無私一體平 적면무사일체평
水上東山行不住 수상동산행부주
火中木馬夜嘶鳴 화중목마야시명

돌아 갈마듬없어 본래로 원만圓滿하나니
사심邪心 없으면 일체가 공평公平하다네.
물위의 동산東山은 머물지 않고 흘러가고
불속의 목마木馬는 밤중에 히힝 하고 소리 지르네.

人間但見浮雲白 인간단견부운백
天外常看列岫橫 천외상간렬수횡
若爲平常心是道 약위평상심시도
擬心已在鐵圍城 의심이재철위성

세상에선 오로지 뜬 백운白雲만 보고
하늘밖엔 언제는 늘어선 산봉우리 보인다네.
만약 평상심平常心이 도道라고 하면
헤아리는 마음은 이미 철위성鐵圍城에 있다네.

■ 동산東山 : 운문문언雲門文偃 선사 한음閑吟의 "만리 허공虛空이 발아

래 푸른데, 동산東山이 물 위를 가누나. 나의 도道는 이 가운데 있나니, 행에 나날이 성성惺惺함을 귀히 여기노라.[萬里足下靑 東山水上行 吾道此是中 行之貴日惺]"라고 한 것 중 "동산東山이 물 위를 가누나.[東山水上行]"은 예로부터 선문禪門의 난구難句로 삼았다. 이로써 "동산東山이 물 위를 가누나.[東山水上行]"가 뒷사람의 화두話頭로 선 것이다.

■ 철위성鐵圍城 : 범부의 망념妄念을 비유한다.

[부산법원浮山法遠선사가 설법하기를,]

"원만하고 구극의 법문에 의거한다면 본래 십十의 수數를 갖추어야 한다. 지금 이 구대九帶를 이미 여러분에게 말하였지만, 다시 한 대帶가 있으니, 여러분은 알겠느냐? 만일 안 것이 친절하고 분명하다면, 나와서 말해 보아라. 말하는 것이 서로 호응하면 앞의 구대九帶와 통할 것이고 지극히 화안한 도안道眼일 것이다. 만일 안 것이 친절하고 분명하지 못하고 말하는 것이 서로 호응하지 못한 채, 오직 내 말에만 의지해서 자기의 견해를 삼았다면, 정법正法을 비방하는 것이라고 할 것이니. 옳은 곳이 없을 것이다. 여러분은 이에 대해 어떻게 생각하느냐?[據圓極法門 本具十數 今此九帶 已爲諸人說了也 更有一帶 諸人還見麽 若也見得親切分明 却請出來說看 說得相應 則通前九帶 圓明道眼 若也見不親切 說不相應 但依吾語言 以爲己解 則名謗法 無有是處 諸人到此合作麽生]"

라고 하자, 대중이 모두 묵묵默默하며 어찌할 줄 몰라 하거늘, 선사禪師는 마침내 꾸짖어 해산解散하게 하였다.

第16章
황룡삼관 黃龍三關

■ 황룡혜남黃龍慧南, 1002~1069은 임제종 황룡파를 일으킨 북송시대의 대종장이다. 문하에 회당조심晦堂祖心, 동림상총東林常總, 불인요원佛因了元, 진정극문眞淨克文 등이 있다. 황룡의 교설에는 삼관三關이 있으니, 곧 생연生緣 불수佛手 여각驢脚이다.

황룡혜남黃龍慧南선사가 융경한隆慶閑선사에게 물어 말하기를 "사람마다 제 각기 생연生緣이 있다고 하는데, 상좌는 생연生緣이 어디에 있느냐? [人人有箇生緣 上座生緣在什麽處]"라고 하자, 융경한隆慶閑선사가 말하기를 "이른 아침에 흰죽을 먹고, 저녁에 이르러 또 허기를 느낍니다.[早晨喫白粥 至晚又覺饑]"라고 하였다.

【일전어一轉語】

■ 말학末學들이 생연生緣을 태어나는 인연으로 해석한다. 여기서 이르는 생연生緣은 동용주선動容周旋에 견문각지見聞覺知하는 인연因緣을 뜻한다. 문제의 핵심은 생연生緣이 유위有爲의 연緣인가? 무위無爲의 연緣인가? 하고 황룡선사가 묻는 것이다. 만약 학자가 생연生緣이면서 무연無緣의 지知가 두렷하다면 황룡의 물음에 당당堂堂히 답할 수 있

는 것이다.

또 묻기를 "내 손이 어찌하여 부처님의 손과 같은 것이냐?[我手何似佛手]"라고 하자, 융경한隆慶閑선사가 말하기를 "달빛 아래 비파를 탑니다.[月下弄琵琶]"라고 하였다.【이전어二轉語】

■ 청허淸虛가 풍악산楓嶽山에서 서산西山까지 걸어서 갔다. 그리고 그윽이 풍광風光을 바라보았다. 다만 그러하다.

다시 또 묻기를 "내 다리가 어찌하여 나귀의 다리와 같은 것이냐?[我脚何似驢脚]"라고 하자, 융경한隆慶閑선사가 말하기를 "흰 해오라기가 눈 위에 서 있어도 눈과 같은 색이 아닙니다.[鷺鷥立雪非同色]"라고 하였다.【삼전어三轉語】

■ 도동이부재道同而不齋라. 어행수탁魚行水濁이요 조비모락鳥飛毛落이거다.

황룡혜남선사는 늘 이 삼전어三轉語로써 학인들에게 질문을 내렸지만 대부분 그 뜻에 계합契合하지 못하니, 남주거사南州居士 반홍潘興 사연지嗣延之가 그 까닭을 묻자, 황룡혜남선사가 말하기를 "이미 관문關門을 통과한 사람은 팔을 흔들고 가버리니, 어찌 관문 지키는 관리가 있는 줄 알겠느냐. 관문을 지키는 관리에게 가서 통과할 수 있는지 그 가부可否를 묻는다면, 이는 아직 관문을 통과하지 못한 자이다.[已過關者 掉臂徑去 安知有關吏 從

關吏問可否 此未過關者]"

라고 하고는, 다시 스스로 다음과 같이 게송을 읊었다.

我手何似佛手 아수하사불수
禪人直下薦取 선인직하천취
不動干戈道出 부동간과도출
當處超佛越祖 당처초불월조

내 손 어찌 부처님의 손과 같은가?
선승禪僧은 곧바로 간취看取한다네.
병장기 안 꺼내고 바로 이르매
그 자리서 부처 조사祖師 뛰어 넘네라.

我脚驢脚並行 아각려각병행
步步踏著無生 보보답저무생
會得雲收月皎 회득운수월교
方知此道縱橫 방지차도종횡

내 다리 나귀 다리 함께 가나니
걸음마다 밟음이라 무생無生이라네.
구름 걷혀 달빛이 환히 비치나니
이 도道가 자재自在함을 아나니라.

■ 무생無生 : 망심妄心이 나지 않음이니 곧 생멸심生滅心이 나지 않음이다. 만약 망심妄心의 본래무생本來無生에 계합했다면 세상을 뛰쳐난 대장부라 하겠다. 대개의 학자들은 무생無生을 진리眞理는 생멸生滅이 없다거나 또는 불생불멸不生不滅로 푼다. 이는 비슷하나 무생無生의 적의的意를 잃은 것이다. 『선가귀감禪家龜鑑』에 "불생자不生者는 무능소야無能所也"라고 하였는바, 그 지취旨趣가 곧 개오開悟의 관문關門이다. 咄!

生緣有路人皆委 생연유로인개위

水母何曾離得蝦 수모하증리득하

但得日頭東畔出 단득일두동반출

誰能更喫趙州茶 수능갱끽조주차

생연生緣 길이라 사람들에게 모두 맡겨두나니

해파리가 새우를 여윈 적이 있었는가.

그저 태양이 동쪽에서 솟는 줄 알면

누가 다시 조주趙州의 차 마시려 할 것인가.

■ 범부는 생연生緣을 보나 무연無緣을 보지 못하나니, 생연生緣의 당체當體가 무연지지無緣之知하는 줄 알지 못한다. 무연지지無緣之知를 설명하여 청정淸淨, 광명光明, 본각本覺, 대적大寂이라고 한다.

진정극문眞淨克文의 게송

我手何似佛手 아수하사불수
翻覆誰辨好醜 번복수변호추
若是師子之兒 약시사자지아
野干謾爲開口 야간만위개구

내 손 어찌 부처님 손과 같은가
번복飜覆함에 미추美醜를 누가 분별하랴
이와 같이 사나운 사자이거늘
여우가 부질없이 입을 여는구나.

我脚何似驢脚 아각하사려각
隱顯千差萬錯 은현천차만착
豁開金剛眼睛 활개금강안정
看取目前善惡 간취목전선악

내 다리 어찌 나귀의 다리와 같은가
숨었다 나타났다[隱顯] 천차만별이라
금강金剛의 눈동자를 활짝 열어야
눈앞의 선악善惡을 간취看取하리니.

人人有箇生緣處 인인유개생연처
認著依然還失路 인저의연환실로
長空雲破月華明 장공운파월화명
東西南北從君去 동서남북종군거

사람 저마다 생연生緣을 하는 당처當處가 있나니
알고 나도 앎에 거처하면 도리어 길을 잃는다네.
하늘에 구름 걷히어 달빛이 화안해지면
동서남북 어디로나 그대 좇아가노라.

- 생연처生然處라 함은 자성自性을 가리킨다. 생연生緣하나 당처當處가 본공本空이요, 당처의 행은 본래로 임성수연任性隨緣이다. 고로 생연生緣이면서 무생無生인 도리를 알아야 불법을 조금 안다고 할 수 있는 것이다. 황룡은 보보답저무생步步踏著無生이라 하여 무생無生의 적의的意를 드러내었다. 통해通解가 쉽지 않을지나 이 도리에 합해야 참다이 수도修道하는 사람이라 할 수 있다.
- 인저의연환실로認著依然還失路 : 사람의 본래 영지靈知는 앎과 알지 못함에 속하는 것이 아니다. 고로 앎의 관문을 넘으면 앎 또한 쉬고 쉬어서 무연無緣의 지知를 나투어야 본지풍광本地風光을 회복回復한 것이다. 무연無緣의 지知를 보려하는가. 하늬바람이 그대의 이마를 스치누나.

경복순景福順의 게송

【촉 땅 사람, 황룡선사의 법을 이었다.】

長江雲散水滔滔 장강운산수도도
忽爾狂風浪便高 홀이광풍랑편고
不識漁家玄妙意 불식어가현묘의
却於浪裏颭風濤 각어랑리점풍도

장강은 구름 걷히어 도도滔滔하게 흐르나니
홀연히 광풍 일어 물결 문득 높아지누나.
알지 못게라 어부의 현묘玄妙한 뜻을
풍랑風浪 속에 도리어 풍랑風浪을 일으킴이라.

南海波斯入大唐 남해파사입대당
有人別寶便商量 유인별보편상량
或時遇賤或時貴 혹시우천혹시귀
日到西峯影漸長 일도서봉영점장

남해의 페르시아인 당나라에 들어오자
남이 가진 보배 가지고 흥정을 하는구나.
어느 때 싼 값이다가 어느 때는 비싸나니
서산에 지는 해 그림자 점점 짧아지누나.

【황룡노화상이 생연生緣 언구言句를 말씀하셨기에 산승이 그 언구를 받들어 오늘 그대에게 들어주고, 그대를 위해 고양이가 오직 늙은 쥐를 잡는 도리를 해착解捉하노라.[黃龍老和尙有箇生緣語 山僧承嗣伊 今日爲君擧 爲君擧猫兒偏解捉老鼠]】

▍남당정南堂靜의 게송

【이름은 道興, 蜀사람, 五祖法演의 법을 받았다.】

我手何似佛手 아수하사불수
爐鞴鉗鎚掃帚 노비겸추소추
曾烹紫磨金身 증팽자마금신
光射七星牛斗 광사칠성우두

내 손 어찌 부처님의 손과 같은가
화로火爐 풀무 집게 망치 쓰는 빗자루.
일찍이 자마금紫磨金을 삶아 낸 금신金身
광망光芒은 북두성과 견우성 쏘나니.

我脚何似驢脚 아각하사려각
白刃紅旗閃爍 백인홍기섬삭
坐斷百戰場中 좌단백전장중
妙用六韜三略 묘용육도삼략

내 다리 어찌 나귀의 다리 같은가
흰 칼날과 붉은 깃발 번쩍인다네.
가만 앉아 수많은 전쟁터를 지웠나니
묘용妙用이라 육도六韜와 삼략三略이라네.

人人有箇生緣 인인유개생연
視聽俯仰折旋 시청부앙절선
頂戴寰中日月 정대환중일월
懷藏閫外威權 회장곤외위권

사람마다 생연生緣 있거니
시청언동視聽言動 행주좌와行住坐臥 그 모두라.
정수리에 우주의 일월日月을 이고
문지방 밖에 권도權道와 위엄威嚴 품었다네.

■ 좌단백전장중坐斷百戰場中 : 무심無心을 자득하면 곧바로 태평세泰平世를 본다는 뜻이다. 소강절이 "태평한 세상에 태어나, 태평한 세상에 살다가, 태평하게 늙어,태평하게 죽노라."라고 한음한 것이 태평세상의 도리를 자득하였음이라 하겠다. 세상의 본래태평本來泰平을 본 사람은 수제치평修齊治平의 차례를 두지 아니한다.

■ 묘용육도삼략妙用六韜三略 : 깊은 뜻을 감추고 무쟁無爭을 치세治世를 도모함이 곧 청정각명清淨覺明의 묘용妙用이라는 뜻이다.

■ 인인유개생연人人有箇生緣 시청부앙절선視聽俯仰折旋 : 보통의 사람이 어찌 시청언동視聽言動과 행주좌와行住坐臥를 벗어나 소요逍遙할

수 있겠는가? 그러나 무심無心을 자득한 이는 시청언동視聽言動과 행주좌와行住坐臥 속을 여의지 아니하고 무하유無何有에 소요逍遙하는 것이다. 이는 깨어있는 사람의 경지境地라 범부가 엿볼 수 없다. 다만 그러하다. 누가 이 도리에 참여하겠는가. 바로 지금 회광반조回光返照에 젖은 그대이다. 咄!

원오극근圓悟克勤의 게송

我手何似佛手 아수하사불수
隨分拈花折柳 수분념화절류
忽然撞著頭蛇 홀연당착두사
未免遭他一口 미면조타일구

내 손 어찌 부처님의 손과 같은가
분상分相 따라 꽃도 들고 버들을 꺾네.
홀연히 뱀 머리에 부딪친다면
저 한 입에 물림을 못 면하리라.

我脚何似驢脚 아각하사려각
趙州石橋略彴 조주석교략박
忽然築起皮毬 홀연축기피구
崩倒三山五嶽 붕도삼산오악

내 다리 어찌 나귀의 다리 같은가
조주趙州의 돌다리는 외나무다리
홀연히 가죽 공을 쌓아 올리니
삼산三山과 오악五嶽이 무너진다오.

人人有箇生緣 인인유개생연
蹲身無地鑽研 준신무지찬연
若也眼皮迸綻 약야안피병탄
累他桶底踢穿 누타통저척천

사람마다 생연生緣 있거니
웅크린 몸 깊이 탐구할 곳이 없네.
만약에 눈꺼풀이 갈라지거든
거듭 통을 발로 차서 뚫을지니라.

담당문준湛堂文準의 게송

我手佛手 아수불수
十八十九 십팔십구
雲散月圓 운산월원
癡人夜走 치인야주

내 손과 부처님 손
오십 보 백 보라네.
구름이 걷히고 달은 둥근데
어리석은 사람은 밤에 달리누나.

我脚驢脚 아각려각
放過一著 방과일착
龐公笊籬 방공조리
淸平木杓 청평목표

내 다리와 나귀의 다리
한 수를 미루어 지난다오.
방거사龐居士 조릿대요
청평선사淸平禪師 표주박이라.

人人生緣 인인생연
北律南禪 북률남선
道吾舞笏 도오무홀
華亭撑船 화정탱선

사람마다의 생연生緣
북방은 율종律宗 남방은 선종禪宗일세.
도오道吾선사는 춤을 추고
화정華亭선사는 배를 저었네.

■ 방과일착放過一著 : 스승과 제자의 문답에서 스승이 제자의 깨침을 위해 에둘러 기다리며 응답함이다.

■ 방거사龐居士 : 방온龐蘊, ?~808을 말한다. '일구흡진서강수一口吸盡西江水하라!'는 말끝에 개오開悟하여 마조馬祖선사의 법을 받았다. 방거사의 벗에 단하丹霞 약산藥山 앙산仰山 등의 걸출한 대종사가 있다. 방거사는 개오開悟한 뒤 자기의 재산을 모두 버리고, 조리笊籬를 엮어 팔아 생계를 유지했다. 무심송無心頌과 학무위송學無爲頌이 선가禪家의 귀감이다.

■ 청평선사淸平禪士, 845~919 : 청평영준淸平令遵을 말한다. 단하천연丹霞天然, 취미무학翠眉無學의 문인이다. 어떤 중이 "어떤 것이 유루有漏입니까?"라고 묻자 "조리[笊籬]이다."라고 대답하였고, 또 "어떤 것이 무루無漏입니까?"라고 하자 "표주박이다."라고 하였다.

■ 도오道悟선사 : 도오무홀道悟舞笏을 말한다. 제자가 정행正行을 묻자, 목검을 매고 춤을 추며 "반드시 이와 같이 해야 한다." 하였다. 제자에게 무위無爲의 춤을 보인 것이다. 관남도상[未詳]의 문인이고, 마조馬祖의 손자이다.

■ 화정華亭선사 : 약산유엄藥山惟儼, 751~834의 문인이다. 법명이 선자덕성[未詳]이나 화정華亭의 오강吳江에서 평생을 돛단배 사공을 하였으므로 화정탱선華亭撐船이라 한다.

해인신海印信의 게송

我手佛手 아수불수

誰人不有 수인불유

直下分明 직하분명
何須狂走 하수광주

내 손과 부처님 손
누군들 없으리오.
곧바로 분명分明하나니
어찌 미친 견해로 달리리오.

我脚驢脚 아각려각
高低踏著 고저답착
雨過苔青 우과태청
雲開日爍 운개일삭

내 다리와 나귀 다리
높고 낮게 밟는다오.
비 지나자 이끼 푸르고
구름 걷히자 해가 빛나네.

問爾生緣 문이생연
處處不疑 처처불의
直語心無病 직어심무병
誰論是與非 수론시여비

너에게 생연生緣을 묻노니

곳곳마다에 의심을 아니 한다오.
곧은 말은 마음에 병이 없나니
옳고 그름 논할 이 그 누구랴.

만암 萬菴의 게송

我手何似佛手 아수하사불수
不用思前算後 불용사전산후
世間多少癡人 세간다소치인
只是隨人背走 지시수인배주

내 손 어찌 부처님 손과 같은가
앞뒤를 생각하고 계산치 말라.
세간世間의 하고 많은 어리석은 이들은
오로지 남들 따라 등지거나 달린다네.

我脚何似驢脚 아각하사려각
擬議遭他毒藥 의의조타독약
又見白衣拜相 우견백의배상
從前更無官爵 종전갱무관작

내 다리 어찌 나귀의 다리 같은가

머뭇대다 저 독약을 만나고 마네
백의白衣로 재상宰相에 오름을 또 보나니
종전에는 더 이상의 관작官爵 없었다네.

人人有箇生緣 인인유개생연
桑梓人物駢闐 상재인물병전
借問東隣西舍 차문동린서사
西天十萬八千 서천십만팔천

사람마다 생연生緣 있거니
고향故鄕 땅엔 인물이 모여 있다오.
묻노니 동쪽 이웃 서쪽의 집을
서천西天의 십만 팔천 세상이라네.

第17章

남당변험십문 南堂辨驗十問

남당원정南堂元靜이 대중에게 설법하였다.

참선 수행함에 지극한 요체는 최초구最初句와 말후구末後句를 벗어나 있지 않으니, 이것을 통과한 자라면 평생의 일을 마친 것이다. 그러나 혹 그렇지 못할진댄, 다시 너희에게 십문十門을 나누어 각기 인증印證해서 자신의 심지心地를 살피게 하려고 하는데, 온당하게 할 수 있겠느냐? [夫參學至要 不出箇最初與末後句 透得過者 平生事畢 其或未然 更與爾分作十門 各用印證 自心看得 穩當也未]

첫째 교외별전教外別傳이 있는 것을 모름지기 믿어야 하며[須信有教外別傳],

둘째 교외별전의 내용을 모름지기 알아야 하며[須知有教外別傳],

셋째 무정설법無情說法과 유정설법有情說法이 둘이 아님을 모름지기 알아야 하며[須會無情說法與有情說法無二],

넷째 견성見性함은 모름지기 손바닥 위에서 보듯이 명명백백

明明白白하여 하나하나 온당하고 치밀하게 하여야 하며[須見性如觀掌上了了分明一一田地穩密],

다섯째 법안法眼을 모름지기 간택揀擇하여 갖추어야 하며[須具擇法眼],

여섯째 조도鳥道와 현로玄路를 모름지기 걸어야 하며[須行鳥道玄路],

일곱째 문무文武를 모름지기 겸전해야 하며[須文武兼濟],

여덟째 모름지기 사도를 꺾고 정도를 드러내야 하며[須摧邪顯正],

아홉째 모름지기 대기대용大機大用을 해야 하며[須大機大用],

열째 이류異流 가운데에서 모름지기 행해야 한다[須向異類中行].

- 조도鳥道 : 새도 넘기 어려운 산길로, 최상승最上乘의 도道를 말한다.
- 현로玄路 : 수심정로修心正路로, 현묘玄妙한 도리를 말한다.
- 문무겸제文武兼濟 : 선禪과 교敎에 두루 통달함이다.

이 십문十門을 너희들은 또한 하나하나 온당하게 할 수 있겠느냐? 만일 그저 문門을 닫고 생활하면서 자신만 혼자 깨닫는 것은 이 경내에는 존재하지 않는다. 만일 정종正宗을 짊어지고 성종聖種을 이어받아 높이려고 한다면, 모름지기 이 십문十門의 강요綱要를 모두 다해야 비로소 곡록曲彔과 목상木牀에 앉아 천하 사람들의 예배를 받으면서 불조佛祖와 함께 스승이 될 수 있을 것이다.[此十門 諸人還一一得穩當也未 若只是閉門作活 獨了自身 不在此限 若要荷負正宗 紹隆聖種 須盡此綱要十門 方坐得曲彔木牀 當得天下

人禮拜 可與佛祖爲師]

만약 이러한 경지에 이르지 못한 채 한결같이 터무니없이 한다면, 나중에 염라대왕이 너희를 놓아두지 않을 것이다. 여러분은 나와서 증거를 보이고, 만일 없다면 오래 서 있지 말고 돌아가라.[若不到與麽田地 一向虛頭 他時異日 閻家老子未放爾在 有麽大家出來證據 若無不用久立]

■ 곡록曲彔 : 고승高僧이 사용하는 의자椅子이다.

■ 목상木牀 : 고승高僧이 사용하는 선상禪床이다.

第18章
임제문정 臨濟門庭

임제종臨濟宗은 대기대용大機大用이 번뇌의 속박에서 해탈하고 집착에서 벗어나게 하나니, 범이 질주하고 용이 치달리는 듯, 별빛이 내달리고 우레가 쳐서 하늘의 관문이 회전하고 대지의 굴대가 돌아가듯 충천하는 의기를 가졌는지라, 격외格外의 방법을 써서 거두었다 폈다 잡았다 놓아주었다 하여 살리고 죽이는 것이 자유자재自由自在이다. 이 때문에 삼현삼요三玄三要, 사빈주四賓主, 사료간四料揀, 금강왕보검金剛王寶劍, 거지사자踞地獅子, 탐간영초探竿影草, 일할부작일할용一喝不作一喝用, 일할분빈주一喝分賓主, 조용일시행照用一時行을 제시한 것이다.[臨濟宗者 大機大用 脫羅籠出窠臼 虎驟龍奔 星馳電激 轉天關斡地軸 負衝天意氣 用格外提持 卷舒擒縱 殺活自在 是故示三玄三要四賓主四料揀金剛王寶劍踞地師子探竿影草一喝不作一喝用一喝分賓主照用一時行]

사료간四料揀은, 중하中下의 근기根機가 오면 경계를 빼앗고 법을 빼앗지 않으며[中下根人來 奪境不奪法], 중상中上의 근기根機

가 오면 경계와 법을 모두 빼앗고 사람을 빼앗지 않으며[中上根人來, 奪境奪法不奪人]【한 본에는 '법을 빼앗고 경계를 빼앗지 않는다.[奪法不奪境]'라고 하였으니, 잘못되었다.】,

상상上上의 근기根機가 오면 사람과 경계를 모두 빼앗으며[上上根人來 人境兩俱奪], 특출한 사람이 오면 사람과 경계를 모두 빼앗지 않는다[出格人來 人境俱不奪]는 것이다.

사빈주四賓主는, 스승이 비공鼻孔이 있으면 주인 속의 주인이라고 하며[師家有鼻孔 名主中主], 학인이 비공鼻孔이 있으면 손님 속의 주인이라고 하며[學人有鼻孔 名賓中主], 스승이 비공鼻孔이 없으면 주인 속의 손님이라고 하며[師家無鼻孔 名主中賓], 학인이 비공鼻孔이 없으면 손님 속의 손님이라고 하는 것이니[學人無鼻孔 名賓中賓], 조동종曹洞宗의 빈주賓主와는 같지 않다.

■ 비공鼻孔 : 깨달음으로, 무심경지無心境地을 말한다.

삼현三玄은 현중현·체중현·구중현[玄中玄、體中玄、句中玄]이며, 삼요三要는 일현一玄 속에 삼요三要를 갖추고 있으므로, 자연 일할一喝 속에 삼현과 삼요를 체섭體攝하는 것이다.[一玄中具三要 自是一喝中 體攝三玄三要也]

금강왕보검金剛王寶劍은 단칼에 일체의 정해精解를 잘라내는 것이다.[一刀揮盡一切情解]

거지사자踞地獅子는 말을 하고 기세를 토함에 위세가 떨쳐져서 온갖 짐승이 두려하고, 뭇 마귀의 뇌가 터져버리는 것이다. [發言吐氣 威勢振立 百獸恐悚 衆魔腦裂]

탐간探竿은 학인이 사승師承이 있는지 없는지와 비공鼻孔이 있는지 없는지를 탐색하는 것이며[探爾有師承無師承、有鼻孔無鼻孔], 영초影草는 거짓으로 도적이 되어 학인이 보고 있는지 그렇지 않은지를 살피는 것이다.[欺瞞做賊 看爾見也不見]

일할분빈주一喝分賓主는 일할一喝 속에 자연 손님과 주인이 있는 것이다.[一喝中自有賓有主也]

조용일시행照用一時行은 일할一喝 속에 자연 비춤[照]과 드러냄[用]이 있는 것이다.[一喝中自有照有用]

일할부작일갈용一喝不作一喝用은 일할一喝 속에 삼현과 삼요, 사빈주, 사료간과 같은 것을 갖추고 있는 것이다.[一喝中具如是三玄三要、四賓主、四料揀之類]

임제종의 종풍宗風은 대략 이와 같으니, 임제종을 알려고 하는가? 마른하늘에 벼락이 치고, 육지에서 파도가 일어나리라.[靑天轟霹靂 陸地起波濤]

산당순山堂淳이 삼현문三玄門을 다음과 같이 변별하였다.

임제선사가 말하기를 "일구어一句語에는 모름지기 삼현문三玄門이 갖추어져 있어야 하고, 일현문一玄門마다 모름지기 삼요로三要路가 갖추어져 있어야 한다. 대기대용大機大用이 그 구의句義와 명수名數로 쪼개지는 것을 용납하는가? 제방이 현요玄要를 문답한 것은 또한 단지 어떤 것이 제일구, 제이구, 제삼구인지를 말한 것일 뿐이다."라고 하였다.[一句語須具三玄門 一玄門須具三要 大機大用 其容以句義名數 劈析之邪 諸方問答玄要 亦只言如何是第一第二第三]"

분양선소汾陽善昭의 게송에 이르기를,

三玄三要事難分 삼현삼요사난분
得意忘言道易親 득의망언도이친
一句明明該萬像 일구명명해만상
重陽九日菊花新 중양구일국화신

삼현三玄과 삼요三要는 분별하기 어려우나,
뜻을 얻고 말 잊으면 도道가 쉽게 친해지나니.
한 구절에 화안하게 만상萬象을 갖추어서
구월구일 중양절重陽節 국화꽃이 새롭구나.

라고 하였다.

고탑주古塔主(천복승고)에 이르러 비로소 갈라져서 체중현體中玄·구중현句中玄·현중현玄中玄이 되고 삼요三要는 설이 행하여지지 않으니, 흐리멍덩한 것에 부쳐지게 되었을 뿐이다. 이 편이 임제종을 설명하면서 그 방편법문을 일단 좇아서 삼현삼요三玄三要에 이르게 한다면 또 고탑주古塔主의 앞선 잘못에 떨어질 것이니, 분별하지 아니할 수 없다.[至古塔主始裂 爲體中玄句中玄玄中玄 而三要則說之不行 付諸瞞頇而已 此篇說臨濟 門頭戶底則且從至三玄三要 則又墮塔主之覆轍矣 不可不辨]

■ 고탑주古塔主 : 천복승고薦福承古(?~1045) 선사를 말한다. 남악양아南嶽良雅의 문인이다. 문인 문지文智가 편찬한 천복승고선사어록이 있다. 본문에 고탑주古塔主가 선禪을 설했으나, 지견知見이 밝지 못해 흐리멍덩하여 삼요三要가 설해지지 아니 하였다고 한다. 말세의 선사禪師는 대개 지견知見에 거처하는지라, 거의가 고탑주古塔主와 비슷하거나 미치지 못한다.

산당순山堂淳의 요결

대웅산大雄山에서 부처님의 정법을 이은 임제臨濟의 강종綱宗은, 황벽선사黃檗禪師에게 조사가 서쪽에서 온 뜻을 세 번 물은 것으로 인하여 검은 등나무 막대기로 세 번 아프게 맞고, 드디어 대우선사大愚禪師에게 보내어져 친히 대우선사의 옆구리에 세 번 주먹을 내지르고는 언하言下에 문득 황벽선사의 노파심老婆心을 보게 되어, 불법佛法이 간단명료함을 분명하게 알게 되었다. [[大雄正續臨濟綱宗 因問黃檗西來 痛與烏藤三頓 遂往大愚打發 親揮肋下三拳 言下便見老婆心 懸知佛法無多子]

그래서 벽력같은 할喝을 떨쳐 사나운 범을 수염을 뽑아내어 육단심肉團心이 열려서 도처에서 흔적 없이 훔치는 수법을 사용하였다. 유성이 떨어지고 폭죽이 터지듯 하며, 바위가 갈라지고 벼랑이 무너지듯 하며, 얼음 모서리 위를 걸어가고 칼날 위를 달리듯 하였다.[奮奔雷喝 捋猛虎鬚 迸開於赤肉團邊 到處用白拈手段 飛星爆竹 裂石崩崖 氷稜上行 劍刃上走]

전기全機는 번개처럼 거둬지고 대용大用은 하늘이 돌듯 하여, 빈손으로 사람을 죽이고 한 자루의 칼을 들고 적진에 곧바로 쳐들어가듯 하여 사람과 경계를 모두 빼앗고 비춤과 드러냄을 함께 행하였다.[全機電卷 大用天旋 赤手殺人 單刀直入 人境俱奪 照用並行]

당당히 오거나 감추고 오거나, 부처도 죽이고 조사도 죽여, 삼현三玄과 삼요三要에서 예와 지금을 변별하고, 한 주인과 한 손님에서 용과 뱀을 밝혀내어, 온갖 번뇌煩惱와 망상妄想에서 벗어나서 현묘玄妙한 깨달음도 존재하지 않게 되었다.[明頭來 暗頭來 佛也殺 祖也殺 辨古今於三玄三要 驗龍蛇於一主一賓 透脫羅籠 不存玄解]

금강왕金剛王의 보검寶劍을 잡고서 죽목竹木의 정령精靈을 쓸어 없애고 사자의 온 위엄을 떨쳐 여우 무리의 간담肝膽을 떨게 하여, 마침내 정법안장正法眼藏은 저 눈먼 나귀를 없애버리니, 골수骨髓에 사무치도록 혈맥血脈이 관통貫通하고 꼭대기에서 바닥까지 이르도록 천지 홀로 뚜렷하게 드러나서, 면면히 이어져 빠짐이 없고 법기法器와 법기法器가 서로 전하게 되었다. 대개 그 조종祖宗이 고명高明하고 자손이 광대光大한 이것이 임제종臨濟宗이다.[操金剛王劍 掃除竹木精靈 奮師子全威 振群狐心膽 下梢正法眼藏 滅却這瞎驢邊 徹骨徹髓而血脈貫通 透頂透底而乾坤獨露 綿綿不漏 器器相傳 蓋其宗祖高明 子孫光大 此臨濟宗也]

고덕강종송 古德綱宗頌

横按鏌鎁烜赫光 횡안막야훤혁광
八方全敵謾茫茫 팔방전적만망망
龍蛇並隱肌鱗脫 용사병은기린탈
雷雨全施計略荒 뇌우전시계략황

막야검鏌鎁劍 비껴 잡고 광휘를 떨치는데
팔방八方의 온전한 적 부질없어 아득하네.
용과 뱀은 함께 숨어 허물을 벗어내고
천둥과 비 다 베풀어도 계략은 거칠다오.

佛祖點爲涓滴響 불조점위연적향
江山結抹並芬芳 강산결말병분방
回途索莫郊坰遠 회도삭막교상원
失舶波斯落楚鄉 실박파사락초향

부처[佛] 조사祖師 끄덕이니 물방울 소리 울리고
강과 산은 묶였어도 아울러 향기롭네.
돌아오는 삭막한 길 교외는 아득한데
배 잃은 페르시아인 초楚나라에 떨어졌네.

後記

산승山僧이 휴헐休歇의 여가에 고덕古德의 지결指訣을 엿보아 해맑은 취미翠微에 의지하는 바 있다. 산승의 소처所處에 가탁假託하여 그 셋을 든다면, 승조대사僧肇大師의 조론肇論과 영명대사永明大師의 심부心賦와 인거화상仁岠和尙의 인천안목증집人天眼目增集이라 하겠다.

불종佛宗의 요목要目을 천양闡揚한 상서上書에 의지하지 않고 수행修行하는 이의 대개가 벽견僻見을 지니는 허물이 있으며, 그 견처見處가 조사祖師의 본지本旨에 미치지 못하면서도 자대自大에 거처하여 광설狂舌하는 운수객雲水客이 적지 아니한 것은 말법末法의 거친 진질疹疾이 아니겠는가. 공부는 독실篤實해야 하고, 견처見處는 상지上智에 비추어 보아야 허물을 덜어내고 지울 수 있는 것이다.

생각하건대 조론肇論과 심부心賦가 최상승最上乘을 설명하였다면, 인천안목人天眼目은 성문聲聞과 연각緣覺을 최상승最上乘에 이끌어, 어지러움을 걷어내고 곧바로 청정각명淸淨覺明을 가리키나니, 그때를 얻은 그 사람이라면 문득 안목眼目이 열리고 자기의 진심眞心이 드러나서 마침내 인천人天의 스승이 될 것이다. 만약 人天眼目 臨濟宗風에 기대서 인생의 본원本源을 밝힌다면 곧바로 천고千古의 스승이 되며, 세상의 빛이 아니 될 수 없는 것이라 하겠다.

庚子 元旦에 金津西江

素譯後記

愚가 間緣으로 人天眼目 臨濟宗風을 飜譯하게 되었다. 佛祖의 本旨에 一點의 透得이 없으면서도 감히 譯을 꾀한 것은, 菑盧先生이 등을 밀어 格云을 준 所以이다. 그러나 人天眼目을 여러 차례 熟讀하면서 나를 되비추어 眼目을 넓힌 바 없지 않다고 하겠다.

사람의 一生에 虛像을 좇아 千年을 산들 무슨 價値와 效用이 있으리오. 愚가 儒學을 공부한 지 40년, 그 사이에 體認이 없는 공부와 글은 다만 虛妄할 뿐이란 것을 切實히 알았다. 더러 한가한 시간을 얻어 佛經과 論書를 독서하고 默坐했으나 안개 속의 山川 구경에 그치는 것이었으나, 虛空이 寂然하면서 妙用을 드러내는 줄을 어슴푸레 짐작하게 된 것이 약간의 所得이라 할 만하다.

穌齋 盧守愼선생은 珍島에 十九년 귀양살이 중에 回光返照에 젖다가 人天眼目을 읽고서 開悟하였다고 한다. 조선 오백년에 豁達한 선비들이 人天眼目에서 더러더러 所見이 밝아진 것은 周知의 事實이다. 上智의 선비들이 人天眼目에서 轉身하였음이 어찌 偶然이겠는가? 當世에 人天眼目 臨濟宗風을 만나는 이가, 畢

竟에 祖師의 禪旨를 엿보아 自性을 回復하는 快事를 이루시기를 冀願하며 위의 군말로써 譯義를 삼는다.

惺巖 識

人名錄

달마대사達磨大師 ?~495 中禪初祖

이조혜가二祖慧可 487~593 達磨門人

오조홍인五祖弘忍 602~675 道信門人

우두법융牛頭法融 594~657 道信門人

육조혜능六祖惠能 638~713 弘忍門人

마조대사馬祖大師 709~788 南嶽門人

백장대사百丈大師 720~814 馬祖門人

황벽희운黃蘗希運 ?~850 百丈門人

고안대우高安大愚 未詳 馬祖門人

반산보적盤山寶積 720~814 馬祖門人

천황도오天皇道悟 748~807 石頭門人

목주도명睦州道明 未詳 黃蘗門人

앙산혜적仰山慧寂 807~883 潙山門人

임제의현臨濟義玄 ?~867 黃蘗門人

보화존자普化尊者 ?~861 盤山門人

극부선사克符禪師 未詳 臨濟門人

삼성혜연三聖慧然 未詳 臨濟門人

용아거둔龍牙居遁 835~923 洞山門人

남원혜옹南院惠顒 860~930 興化門人

운문문언雲門文偃 864~949 睦州門人

풍혈연소風穴延昭 896~973 南院門人

영명연수永明延秀 904~975 天台門人

수산성념首山省念 926~993 風穴門人

분양선소汾陽善昭 947~1024 首山門人

법화전거法華全擧 未詳

석문온총[谷隱蘊聰] 965~1032 首山門人

설두중현雪竇重顯 980~1052 智文門人

자명초원[石霜楚圓] 986~1040 汾陽門人

낭야혜각瑯琊慧覺 未詳 汾陽門人

도오오진道吾悟眞 未詳 石霜門人

부산법원浮山法遠 991~1067 汾陽門人

오조법연五祖法演 1024~1104 浮山門人

원오극근圓悟克勤 1063~1125 法演門人

달관담영達觀曇穎 未詳 天童達觀

취암영삼翠巖令參 可眞石霜門人

불감혜근[太平惠懃] 1059~1117 法演門人

죽암사규[龍翔士珪] ?~1146 佛眼門人

황룡조심黃龍祖心 1025~1100 黃龍門人

동림상총東林常總 1025~1091 黃龍門人

진정극문眞淨克文 1025~1102 黃龍門人

■ 臨濟宗의 脈은 다음과 같다.

— 임제의현 ? ~867

— 홍화존장 830~888

— 남원혜옹 860~952

— 풍혈연소 904~975

— 수산성념 926~993

— 분양선소 947~1024

— 자명초원 987~1040

— 양기방회 993~1046, 황룡혜남 1002~1069

황룡조심黃龍祖心 1025~1100 黃龍門人

동림상총東林常總 1025~1091 黃龍門人

진정극문眞淨克文 1025~1102 黃龍門人

취암가진翠巖可眞 ?~1064 黃龍門人

부록

人天眼目 臨濟宗義 原文

智昭和尚 玄撰

仁岠和尚 增集

碧峙病叟 校訂

人天眼目序

予遊方時, 所至盡誠, 咨扣尊宿五宗綱要, 其間件目, 往往亦有所未知者。因慨念旣據師位, 而綱宗語句, 尙不知其名, 況旨訣乎? 將何以啓迪後昆, 剔抉疑膜邪? 於是有意於綱要, 幾二十年矣。

或見於遺編, 或得於斷碣, 或聞尊宿稱提, 或獲老衲垂頌, 凡是五宗綱要者, 即筆而藏諸, 雖成巨軸, 第未暇詳定。晚抵天台萬年山寺, 始償其志, 編次類列, 分爲五宗, 名之曰《人天眼目》。

其辭皆一依前輩所作, 弗敢增損。然是集也, 乃從上諸大老利物施爲, 旣非予胸臆之論, 俾行於世, 有何誚焉? 若其執拂柄據師位者, 外是則無以辯驗邪正也, 有識博聞者, 必垂印可。

宋淳熙戊申季冬, 越山晦巖智昭序。

人天眼目卷之一

臨濟宗

師諱義玄, 曹州南華人也, 俗姓邢。 幼而穎異, 長以孝聞。 及落髮受具, 居於講肆, 精究毘尼, 博賾經論, 俄歎曰: “此濟世醫方也, 非教外別傳之旨。” 即更衣遊方。

首參黃蘗, 次謁大愚, 其機緣語句, 載於行錄。 旣受黃蘗印可, 尋抵河北鎭州城東南隅, 臨滹沱河側小院住持, 其臨濟因地得名。

唐咸通八年丁亥四月十日, 攝衣據坐, 與三聖問答畢, 寂然而逝。 門人以師全身, 建塔於大名府西北隅。 勅謚慧照禪師, 塔號澄靈。

四料揀

師初至河北住院, 見普化克符二上座, 乃謂曰: “我欲於此建立黃蘗宗旨, 汝可成褫我。” 二人珍重下去。三日後, 普化却上來問云: “和尚三日前說甚麼?” 師便打。三日後, 克符上來問: “和尚昨日打普化作甚麼?” 師亦打。

至晚小參云: “我有時奪人不奪境, 有時奪境不奪人, 有時人境俱奪, 有時人境俱不奪。”

僧問: “如何是奪人不奪境?” 師云: “煦日發生鋪地錦, 嬰兒垂髮白如絲。”【大慧云: “此二句, 一句存境, 一句奪人。”】

僧問: “如何是奪境不奪人?” 師云: “王令已行天下遍, 將軍塞外絕烟塵。”【大慧云: “上句奪境, 下句存人。”】

僧問: “如何是人境俱奪?” 師云: “并、汾絕信獨處一方。”【大慧云: “便有人境俱奪面目。” 又云: “吾初讀諸家禪錄, 見‘并、汾紀信’之語, 深以爲疑, 雖詰諸老, 皆含糊不辨。旣閱臨濟語, 則知‘絕信’二字, 蓋并、汾二州名。僧問人境兩俱奪, 答云獨處一方, 其旨曉然, 方悟諸師之集皆有烏焉之誤。”】

僧問: “如何是人境俱不奪?” 師云: “王登寶殿, 野老謳歌。”【大慧云: “此是人境俱不奪也。”】

克符頌

奪人不奪境，緣自帶諸訛。
擬欲求玄旨，思量反責麽?
驪珠光燦爛，蟾桂影婆娑。
覿面無回互，還應滯網羅。

【大慧云: “此頌大概在驪珠光燦爛蟾桂影婆娑之上，蓋此二句是境也。學人問奪人不奪境，擬欲求玄旨，思量反責麽，大意只是不可思量擬議。思量擬議，學人蹉却覿面相呈一著，則被語言羅網矣。”】

奪境不奪人，尋言何處眞?
問禪禪是妄，究理理非親。
日照寒光澹，山遙翠色新。
直饒玄會得，也是眼中塵。

【大慧云: “要會日照寒光澹，山搖翠色新麽? 此二句是境。直饒玄會得，也是眼中塵，便奪了也。”】

人境兩俱奪，從來正令行。
不論佛與祖，那說聖凡情?
擬犯吹毛劍，還如值目盲。
進前求解會，特地斬精靈。

【大慧云: “正令旣行，不留佛祖，到這裏進之退之，性命總在師家手裏，如吹毛劍，不可犯其鋒也。”】

人境俱不奪，思量意不偏。
主賓言不異，問答理俱全。
踏破澄潭月，穿開碧落天。
不能明妙用，淪溺在無緣。

【大慧云："若要分明理會得臨濟意，但向當時垂示處看。"】

師示衆云："如諸方學人來，山僧此間作三種根器斷。如中下根器來，我便奪其境而不除其法；或中上根器來，我便境法俱奪；如上上根器來，我便境法人俱不奪。如有出格見解人來，山僧此間便全體作用，不歷根器。大德到這裏，學人著力處不通風，石火電光即蹉過了也。學人若眼目定動，即沒交涉。"【凡五家宗主垂示處稱師，後皆倣此。】

南院顒問風穴昭【亦作沼】云："汝道四料揀。料揀何法?"穴云："凡語不滯凡情，旣墮聖解，學者大病，先聖哀之，爲施方便，如楔出楔。"

院問："如何是奪人不奪境?"穴云："新出紅爐金彈子，簉破闍黎鐵面門。"【首山等答皆附】首山云："人前把出遠送千峯。"法華擧云："白菊乍開重日暖，百年公子不逢春。"慈明圓云："神會曾磨普寂碑。"道吾眞云："菴中閑打坐，白雲起峯頂。"

圓悟勤云: “老僧有眼不曾見。” 達觀潁云: “家裏已無回日信, 路遙空有望鄉牌。” 石門聰云: “山河大地。”

“如何是奪境不奪人?” 穴云: “芻草乍分頭腦裂, 亂雲初綻影猶存。” 山云: “打了不曾嗔, 寃家難解免。” 華云: “大地絶消息, 翛然獨任眞。” 明云: “須信壺中別有天。” 吾云: “閃爍紅旗散, 仙童指路親。” 圓悟云: “闍黎問得自然親。” 觀云: “滄海盡教枯到底, 青山直得碾爲塵。” 門云: “番人失氈帳。”

“如何是人境俱奪?”穴云: “躡足進前須急急, 促鞭當鞅莫遲遲。” 山云: “萬人作一塚, 時人盡帶悲。” 華云: “草荒人變色, 凡聖兩俱忘。” 明云: “寰中天子勅, 塞外將軍令。” 吾云: “剛骨盡隨紅影沒, 茗苗總逐白雲消。” 悟云: “收。” 觀云: “天地尙空秦日月, 山河不見漢君臣。” 門云: “有何佛祖?”

“如何是人境俱不奪?”穴云: “常憶江南三月裏, 鷓鴣啼處百花香。” 山云: “問處分明答處親。” 華云: “清風伴明月, 野老笑相親。” 明云: “明月清風任往來。” 吾云: “久旱逢初雨, 他鄉遇故知。” 悟云: “放。” “觀云: “鶯囀上林花滿地, 客遊三月草侵天。” 門云: “問答甚分明。”

翠巖頌【名可眞, 興化莆田人, 嗣慈明。】

奪人不奪境, 日月自流遷。

山河及大地, 片雨過蠻天。

奪境不奪人, 問禪何處親?
相逢不祇揖, 曉夜渡關津。

人境兩俱奪, 聲鼓墜紅樓。
縱橫施巨闕, 誰敢立當頭?

人境俱不奪, 閻浮轉幾遭。
面南看北斗, 爭得合伊曹?

佛鑑【名惠懃】
甕頭酒熟人皆醉, 林上烟濃花正紅。
夜半無燈香閣靜, 鞦韆垂在月明中。

鶯逢春暖歌聲滑, 人遇時平笑臉開。
幾片落花隨水去, 一聲長笛出雲來。

堂堂意氣走雷霆, 凜凜威風掬霜雪。
將軍令下斬荊蠻, 神劍一揮千里血。

聖朝天子坐明堂, 四海生靈盡安枕。
風流年少倒金樽, 滿院桃花紅似錦。

總頌

千溪萬壑歸滄海, 四塞八蠻朝帝都。

凡聖從來無二路, 莫將狂見逐多途。

三句

師因僧問“如何是眞佛眞法眞道? 乞垂開示。” 師云: “佛者心清淨是, 法者心光明是, 道者處處無礙淨光是。三即一皆空而無實有, 如眞正道人, 念念不間斷。達磨大師從西土來, 只是覓箇不受惑底人, 後遇二祖, 一言便了, 始知從前虛用工夫。山僧今日見處, 與佛祖不別。若第一句中薦得, 堪與佛祖爲師; 若第二句中薦得, 堪與人天爲師; 若第三句中薦得, 自救不了。”

僧問: “如何是第一句?”【風穴以下答附】師云: “三要印開朱點窄, 未容擬議主賓分。” 風穴云: “隨聲便喝。” 道吾眞云: “直下衝雲際, 東山絶往來。” 海印信云: “那吒忿怒。” 雲峯悅云: “垂手過膝。”

“如何是第二句?”師云: “妙解豈容無著問, 漚和爭負截流機。” 穴云: “未開口前錯。” 吾云: “面前渠不見, 背後稱冤苦。” 印云: “衲僧罔措。” 峯云: “萬里崖州。”

“如何是第三句?”師云: “看取棚頭弄傀儡, 抽牽元是裏頭人。” 穴云: “明破則不堪。” 吾云: “頭上一堆塵, 脚下三尺土。” 印云: “西天此土。” 峯云: “糞箕掃帚。”

慈明示衆云: “先寶應曰‘第一句薦得, 堪與佛祖爲師; 第二句薦得, 堪與人天爲師; 第三句薦得, 自救不了’, 山僧即不然。第一句薦得, 和泥合水; 第二句薦得, 無繩自縛; 第三句薦得, 四稜著地。所以道起也海晏河清, 行人避路; 住也乾坤黯黑, 日月無光。汝等諸人, 何處出氣? 如今還有出氣者麽? 有即出來對衆出氣看。若無, 山僧今日, 與爾出氣去也。” 乃噓一聲, 卓拄杖下座。

石門聰云: “第一句薦得, 石裏迸出; 第二句薦得, 挨拶將來; 第三句薦得, 自救不了。”

三玄三要

師云: "大凡演唱宗乘, 一語須具三玄門, 一玄門須具三要。有權有實, 有照有用, 汝等諸人作麽生會?" 後來汾陽昭和尙, 因擧前話乃云: "那箇是三玄三要底句?"

僧問: "如何是第一玄?" 汾陽云: "親囑飮光前。" 吾云: "釋尊光射阿難肩。"

"如何是第二玄?" 汾云: "絶相離言詮。" 吾云: "孤輪衆象攢。"

"如何是第三玄。" 汾云: "明鏡照無偏。" 吾云: "泣向枯桑淚漣漣。"

"如何是第一要?" 汾云: "言中無作造。" 吾云: "最好精麁照。"

"如何是第二要?" 汾云: "千聖入玄奧。" 吾云: "閃爍乾坤光晃耀。"

"如何是第三要?" 汾云: "四句百非外, 盡踏寒山道。" 吾云: "夾路靑松老。"

汾陽頌【幷】總

第一玄, 照用一時全。七星光燦爛, 萬里絶塵烟。

第二玄, 鉤錐利便尖。擬議穿腮過, 裂面倚雙肩。

第三玄, 妙用具方圓。隨機明事理, 萬法體中全。

第一要, 根境俱忘絶朕兆。山崩海竭灑飄塵, 蕩盡寒灰始得妙。

第二要, 鉤錐察辨呈巧妙。縱去奪來掣電機, 透匣七星光晃耀。

第三要, 不用垂鉤幷下釣。臨機一曲楚歌聲, 聞者盡教來反照。【一作"聞了悉皆忘反照"。】

三玄三要事難分, 得意忘言道易親。

一句明明該萬象, 重陽九日菊花新。

慈明

第一玄, 三世諸佛擬何宣? 垂慈夢裏生輕薄, 端坐還成落斷邊。

第二玄, 靈利衲僧眼未明。石火電光猶是鈍, 揚眉瞬目涉關山。

第三玄, 萬象森羅宇宙寬。雲散洞空山嶽靜, 落花流水滿長川。

第一要，豈話聖賢妙？擬議涉長途，擡頭已顛倒。
第二要，峯頂敲楗召。神通自在來，多聞門外叫。
第三要，起倒令人笑。掌內握乾坤，千差都一照。

報汝通玄士，棒喝要臨時。
若明端的旨，半夜太陽輝。

竹菴【名士珪，成都史氏子，嗣佛眼。】示衆云："臨濟道'一句中須具三玄門，一玄門須具三要'。大衆事因叮囑起，展轉見誵訛，聽取一頌！"

句中難透是三玄，一句該通空劫前。
臨濟命根元不斷，一條紅線手中牽。

四喝

師問僧: “有時一喝如金剛王寶劍, 有時一喝如踞地師子, 有時一喝如探竿影草, 有時一喝不作一喝用, 汝作麼生會?” 僧擬議, 師便喝。

寂音尊者【慧洪覺範】頌
金剛王劍, 覿露堂堂。
纔涉唇吻, 即犯鋒鋩。

踞地師子, 本無窠臼。
顧佇停機, 即成滲漏。

探竿影草, 不入陰界。
一點不來, 賊身自敗。

有時一喝, 不作喝用。
佛法大有, 只是牙痛。

首山示衆云: “老僧尋常問汝道‘這裏一喝不作一喝用, 有時一喝作問行, 有時一喝作探竿影草, 有時一喝作踞地師子, 有時一喝作金剛王寶劍’。若作問行來時, 急著眼看始得。若作探竿影草, 爾諸人合作麽生? 若作踞地師子, 野干須屎尿出始得。若作金剛王寶劍用時, 天王也須腦裂。只與麽橫喝竪喝, 總喚作道理商量?”

汾陽【善召】

金剛寶劍最威雄, 一喝能摧萬仞峯。
遍界乾坤皆失色, 須彌倒卓半空中。

金毛踞地衆威全, 一喝能令喪膽魂。
嶽頂峯高人不見, 猿啼白日又黃昏。

詞鋒探草辨當人, 一喝須知僞與眞。
大海淵澄涵萬象, 休將牛迹比功深。

一喝當陽勢自彰, 諸方眞有好商量。
盈衢溢路歌謠者, 古往今來不變常。

智海普融

一喝金剛劍用時，寒光爍爍射坤維。
語言擬議傷鋒刃，遍界髑髏知不知。

一喝金毛輕踞地，檀林襲襲香風起。
雖然爪距不曾施，萬里妖狐皆遠避。

一喝將爲探竿草，南北東西無不到。
短長輕重定錙銖，平地茫茫須靠倒。

一喝不作一喝用，三世古今無別共。
落花三月睡初醒，碧眼黃頭皆作夢。

賓主句

師上堂, 有僧出禮拜, 師便喝。僧云: "老和尙莫探頭好。" 師云: "落在什麽處?" 僧便喝, 師便打。又有僧問: "如何是佛法大意?" 師便喝, 僧禮拜。師云: "汝道好喝也無?" 僧云: "草賊大敗。" 師云: "過在什麽處?" 僧云: "再犯不容。" 師便喝。

是日兩堂首座相見, 同時下喝。僧問師: "還有賓主也無?" 師云: "賓主歷然。" 師云: "大衆要會臨濟賓主句, 問取堂中二首座!"

慈明頌

啐啄之機箭拄鋒, 瞥然賓主當時分。
宗師憨物垂緇素, 北地黃河澈底渾。

竹菴

作家相見終不錯, 兩兩同時齊啐啄。
喝下雖然賓主分, 爭如普化搖鈴鐸?

四賓主

師一日示衆云: “參學人大須仔細, 如賓主相見, 便有言說往來。或應物現形, 或全體作用, 或把機權喜怒, 或現半身, 或乘師子, 或乘象王。如有眞正學人便喝, 先拈出一箇膠盆子, 善知識不辨是境, 便上他境上, 做模做樣, 學人又喝, 前人不肯放, 此是膏盲之病, 不堪醫治, 喚作賓看主。或是善知識不拈出物, 隨學人問處, 即奪學人被奪, 抵死不放, 此是主看賓。或有學人應一箇清淨境界, 出善知識前, 善知識辨得是境, 把得住抛向坑裏, 學人言大好, 善知識即云咄哉不識好惡, 學人便禮拜, 此喚作主看主。或有學人披枷帶鎖, 出善知識前, 善知識更與安一重枷鎖, 學人歡喜, 彼此不辨, 喚作賓看賓。大德! 山僧所擧, 皆是辨魔揀異, 知其邪正!”

賓主問答

僧問風穴: “如何是賓中賓?” 穴云: “攢眉坐白雲。” 克符云: “倚門傍戶猶如醉, 出言吐氣不慚惶。” 汾陽云: “終日走紅塵, 不識自家珍。” 又云: “合掌菴前問世尊。” 慈明云: “禮拜更慇懃。” 石門云: “禮拜甚分明。” 雪竇云: “滿目是埃塵。” 又云: “噫!”

“如何是賓中主?” 穴云: “入市雙瞳瞽。” 符云: “口念彌陀雙拄杖, 目瞽瞳人不出頭。” 汾云: “識得衣中寶, 端坐解區分。” 又云: “對面無儔侶。” 明云: “拄杖長在手。” 門云: “覿地無回顧。” 寶云: “兆分其五。” 又云: “引!”

“如何是主中賓?” 穴云: “回鸞兩曜新。” 符云: “高提祖印當機用, 利物應知語帶悲。” 汾云: “金鉤抛四海, 玉燭續明燈。” 又云: “陣雲橫海上, 拔劍攪龍門。” 明云: “橫擔榔㮇撥乾坤。” 門云: “往復問前程。” 寶云: “月帶重輪。” 又云: “收!”

“如何是主中主?” 穴云: “磨礲三尺劍, 待斬不平人。” 符云: “橫按鏌鎁全正令, 太平寰宇斬癡頑。” 僧云: “既是太平寰宇, 爲甚却斬癡頑?” 符云: “不許夜行剛把火, 直須當道與人看。” 汾云: “高提日月光寰宇, 大闡洪音唱楚歌。” 又云: “三頭六臂擎天地, 忿怒那吒撲帝鍾。” 明云: “劍握甑人手。” 門云: “萬里絶同侶。” 寶云: “大千捏聚。” 又云: “揭!”

浮山頌

賓中賓, 雙眉不展眼無筋。他方役役投知己, 失却衣中無價珍。

賓中主, 盡力追尋無處所。昔年猶自見些些, 今日誰知目雙瞽?

主中賓, 我家廣大實難論。所求不悋無高下, 貴賤同途一路平。

主中主, 七寶無虧金殿宇。千子常圍繞聖顏, 諸天不順飛輪擧。

翠巖

賓中賓, 出語不相因。未諦審思惟, 騎牛過孟津。

賓中主, 相牽日卓午。展拓自無能, 且歷他門戶。

主中賓, 南越望西秦。寒山逢拾得, 擬議乙卯寅。

主中主, 當頭坐須怖。萬里涉流沙, 誰云佛與祖?

雪竇

賓中之賓, 少喜多嗔。丈夫壯志。當付何人?

賓中之主, 玄沙猛虎。半合半開。惟自相許。

主中之賓, 滥故知新。互換相照。師子嚬呻。

主中之主, 正令齊擧。長劍倚天。誰敢當禦?

賓主分不分? 瞞頇絶異聞。

解布勞生手, 寄言來白雲。

華嚴【東京, 名孜。】

僧問: "如何是賓中賓?" 孜云: "客路如天遠。" "如何是賓中主?” 云: “侯門似海深。” “如何是主中主?” 云: “寰中天子勅。” “如何是主中賓?” 云: “塞外將軍令。”

孜云: “賓中問主, 互換之機; 主中問賓, 同生同死; 主中辨主, 飲氣呑聲; 賓中覓賓, 白雲萬里。故句中無意, 意在句中。於斯明得, 一雙孤雁, 撲地高飛; 於斯不明, 一對鴛鴦, 池中獨立。知音禪客, 相與證明; 影響之流, 切須子細。” 良久云: “若是陶淵明, 攢眉便歸去。”

四照用

師一日示衆云: “我有時先照後用, 有時先用後照, 有時照用同時, 有時照用不同時。先照後用有人在, 先用後照有法在。照用同時, 驅耕夫之牛, 奪饑人之食, 敲骨取髓, 痛下針錐。照用不同時, 有問有答, 立主立賓, 合水和泥, 應機接物, 若是過量人, 向未擧時, 撩起便行, 猶較些子。”

時有僧出問佛法大意, 師云: “汝試道看。” 僧便喝, 師亦喝, 僧又喝, 師便打。【先照後用】

問: “如何是佛法大意?” 師便喝。復云: “汝道好喝麽?” 僧便喝, 師亦喝, 僧又喝, 師便打。【先用後照】

僧入門, 師便喝, 僧亦喝, 師便打云: “好打只有先鋒, 且無殿後。”【照用同時】

僧來參, 師便喝, 僧亦喝, 師又喝, 僧亦喝, 師便打云: “好打爲伊作主, 不到頭, 無用處。主家須奪而用之, 千人萬人到此出手不得, 直須急著眼看始得。”【照用不同時】

古德云: “主一喝驗賓, 賓一喝驗主; 主再喝驗賓, 賓再喝驗主, 四喝後無賓主也。到這裏主家便奪却, 更不容他。”

慈明示衆云: “有時先照後用, 有時先用後照, 有時照用同時, 有時照用不同時。所以道'有明有暗, 有起有倒'。" 乃喝。一喝云: "且道! 是照是用, 還有緇素得出底麼? 若有, 試出來呈醜拙看; 若無, 山僧失利。"

照用問答

問: "如何是先照後用?" 首山云: "南嶽嶺頭雲, 太行山下賊。" 佛陀遜云: "紅旗曜日催征騎, 駿馬嘶風卷陣雲。" 道吾眞云: "語路分明說, 投針不回避。" 黃龍新云: "淸風拂明月。" 五祖演云: "王言如絲。"

"如何是先用後照?" 首山云: "太行山下賊, 南嶽嶺頭雲。" 陀云: "斬得匈奴首, 還歸細柳營。" 吾云: "金剛覿面親分付, 語道分明好好陳。" 龍云: "明月拂淸風。" 祖云: "其出如綸。"

"如何是照用同時?" 山云: "收下南嶽嶺頭雲, 捉得太行山下賊。" 陀云: "太行招手, 子夏揚眉。" 吾云: "佛祖道中行異路, 森羅影裏不留身。" 龍云: "淸風明月。" 祖云: "擧起軒轅鏡, 蚩尤失却威。"

"如何是照用不同時?" 山云: "昨日晴, 今日雨。" 陀云: "午後打齋鍾。" 吾云: "淸涼金色光先照, 峨眉銀界一時鋪。" 龍云: "非淸風非明月。" 祖云: "金將火試。"

汾陽云: "凡一句語, 須具三玄門, 每一玄門, 須具三要路。有照有用, 或先照後用, 或先用後照, 或照用同時, 或照用不同時。先照後用，且共汝商量；先用後照，汝也是箇人始得。照用同時，汝作麼生當抵；照用不同時，汝作麼生湊泊?”

瑯琊覺云: “先照後用，露師子之爪牙；先用後照，縱象王之威猛；照用同時，如龍得水，致雨騰雲；照用不同時，提獎嬰兒，撫憐赤子。此古人建立法門，爲合如是，不合如是? 若合如是，紀信乘九龍之輦；不合如是，項羽失千里之騅。還有爲瑯琊出氣底麽? 如無，山僧自道去也。” 卓拄杖下座。

慈明頌【并總頌】

照時把斷乾坤路，驗彼賢愚喪膽魂。
饒君解佩蘇秦印，也須歸欵候皇恩。

用便生擒到命殂，却令蘇醒盡殘軀。
歸欵已彰天下報，放汝殘年解也無?

照用同時棒下玄，不容擬議驗愚賢。
輪劍直衝龍虎陣，馬喪人亡血滿田。

照用不同時，時人會者稀。
秋空黃葉墜，春盡落花飛。

一喝分賓主, 照用一時行。
會得箇中意, 日午打三更。

興化驗人【四盌、四唾、四瞎】

莫熱盌鳴聲【中下二機用】

盌脫丘【無底語】

盌脫曲【無綣繢語】

盌【向上明他】

當面唾【鬼語】

望空唾【精魂語】

背面唾【罔兩語】

直下唾【速滅語】

不似瞎【記得語不作主】

恰似瞎【不見前後語】

瞎漢【定在前人分上】

瞎【不見語之來處】

汾陽十智同眞【佛海遠著語】

汾陽示衆云:“夫說法者,【滿口嚼氷霜】須具十智同眞。【今古罕聞】若不具十智同眞, 邪正不辨, 緇素不分,【焦磚打著連底凍】不能爲人天眼目,【鐵作面皮】決斷是非。【一人傳虛, 萬人傳實】如鳥飛空而折翼,【未擧以前底】如箭射的而斷絃。【著力處不消一】斷絃故射不中的, 【我要那射不中底】翼折故空不能飛。【盡却爾神通妙用, 又云向什麽處去? 】絃壯翼牢【遠水不救近火】空的俱澈。【瓦解氷消】作麽生是十智同眞?【又是從頭起】與諸人一一點出! 一同一質, 二同大事, 三總同參, 四同眞智, 五同遍普, 六同具足, 七同得失, 八同生殺, 九同音吼, 十同得入。還有點得出底麽? 不吝慈悲, 試出來道看! 若點不出, 未具參學眼在, 却須辨取, 要識是非, 面目見在。”喝一喝下座。

大慧云:“汾陽老子末後, 若無箇面目現在, 一場敗闕。雖然未免喪我兒孫。”喝一喝。

寂音曰:“今此法門, 叢林怕怖, 不欲聞其聲, 何以言之? 諸方但要平實見解, 執之不移, 只欲傳受, 不信有悟。假使汾陽復生, 親爲剖析, 亦以爲非。昔阿難夜經行次, 聞童子誦佛偈

‘若人生百歲, 不善水潦鶴, 未若生一日而得決了之’。阿難教之曰‘不善諸佛機, 非水潦鶴也’。童子歸白其師, 師笑曰‘阿難老昏矣, 當以我語爲是’。今學者之前, 語三玄三要、十智同眞旨趣, 何以異此?”

古宿十智同眞問答【標汾陽外, 餘不著名】

一同一質。汾陽云: “綿州附子漢州薑。” 又云: “鬼爭漆桶。” “總不出渠。” “賊不打貧家。” “鬼窟裏頭出頭沒。” “百草頭邊任遊戲。” “一毛頭上定乾坤。” “八字打開人不識。” “盌脫丘。”

二同大事。汾云: “火官頭上風車子。” “嘉州大像, 陜府鐵牛。” “當甚破草鞋。” “少賣弄。” “兩肩擔不起。” “不直半分文。” “識得木上座也未?” “燈籠入露柱。” “杖挑日月, 手握乾坤。”

三總同參。汾云: “萬象森羅齊稽首。” “莫怪不相識。” “撞著露柱。” “呼神喚鬼。” “倚欄惆悵望江南。” “胡人持呪口喃喃。”

四同眞智。汾云: “鬼家活計。” “八十翁翁入場屋。” “彼此不著便。” “天地懸殊。” “佛眼覷不見。“認著依然還不是。” “黑山鬼窟。” “毛吞巨海。“芥納須彌。” “波斯鼻孔長。”

五同遍普。汾云: “石頭、土塊。” “南嶽、天台, 西天此土。”

“是什麽境界?”“魚行水濁。”“打著南邊動北邊。”“可惜許!”“坐却千千萬萬, 如何折合?”“狸奴、白牯放毫光。”“笑他禾山解打鼓。”“踏開生死海, 跳出是非門。”

六同具足。汾云:“乞兒籮易滿。”“等閑吹入胡笳曲。”“寒時終不熱。”“信手拈來著著親。”“師子嚬呻, 象王蹴踏。”

七同得失。汾云:“披毛戴角, 銜鐵負鞍。“一言勘破維摩詰。”“甕裏不走鱉。”“也不放爾在。”“不落明暗, 作麽生道?”“賣扇老婆手遮日。”

八同生殺。汾云:“放汝命, 通汝氣。”“死蛇解, 弄也活。”“願觀盛作。”“迅雷不及掩耳。”“禍不單行。”“眉間寶劍, 袖裏金槌。”“灌稻水車鳴戛戛。”

九同音吼。汾云:“驢鳴犬吠啓圓通。”“師子嚬呻, 群狐退後。”“徒勞側耳。”“好語不出門。”“小出大遇。”“風吹石臼念摩訶。”“夜叉空裏走。”

十同得入。汾云:“且居門外。”“耐重打金剛, 山門騎佛殿。”“弓折箭盡也未?”“布袋裏老鵶。”“金剛圈、栗棘蓬, 作麽生呑透?“含元殿裏問長安。”“胡餅、呷汁。”“鯨飮海水盡, 露出珊瑚枝。”

“與甚麽人同得入?”汾云:“鬼爭漆桶。”“胡張三、黑李四。”

“與誰同音吼? 汾云: “風吹石臼念摩訶。” “木人雖不語, 石女引回頭。”

“作麼生同生殺?” 汾云: “猛虎入羊群。” “此間無老僧。”

“甚麼物同得失?” 汾云: “牛頭沒, 馬頭回。” “目前無闍黎。”

“阿那箇同具足?” 汾云: “上座更欠箇甚麼?” “矮子看戲是。”

“甚麼同遍普?” 汾云: “狸奴、白牯放毫光。” “且緩緩卜度!”

“何人同眞智?” 汾云: “認著依然還不是。” “相識滿天下, 知心能幾人?”

“孰與總同參?” 汾云: “識得木上座也未?” “據虎頭收虎尾, 第一句下明宗旨。”

“那箇同大事?” 汾云: “穿過髑髏。” “知音者少。”

“何物同一質?” 汾云: “含元殿裏問長安。” “桑樹猪揩背, 長江鴨洗頭。”

松源嶽十智問答

“如何是十智同眞?”【提水放火】 “一同一質, 【裂破】 二同大事, 【一毛頭上定乾坤】 三總同參, 【蝦蟇、蚯蚓、跛鱉、盲龜】 四同眞智, 【一不成, 二不是】 五同遍普, 【大地撮來無寸土】 六同具足,【猶缺一著】七同得失,【入泥入水】八同生殺,【自救不了】九同音吼,【八角磨盤空裏走】十同得入。【寒山逢拾得】”

“與甚麼人同得入?”【“胡張三、黑李四。”】 “與誰同音吼?”【“狸奴、白牯。”】“作麼生同生殺?”【“德山棒、臨濟喝。”】“何物同得失?”【“草裏輥。”】“那箇同具足?”【“信手拈來著著親。”】“何物同遍普?”【“針鋒影裏騎大鵬, 等閑挨落天邊月。”】“何人同眞智?”【“黑山鬼窟。”】“孰能總同參?”【“燈籠入露柱。”】“那箇同大事?”【“嘉州大像, 陝府鐵牛。”】“何物同一質?”【“盌脫丘。”】

或菴頌

陽春白雪非難和, 藻鑑氷壺豈足觀?
一把柳絲收不得, 和煙搭在玉闌干。

寂音

十智同眞面目全, 於中一智是根源。
如今要見汾陽老, 擘破三玄作兩邊。

竹菴

十智同眞選佛科, 汾陽佛法苦無多。
愛心竭盡尋眞智, 面目分明見也麼?

大慧

兔角龜毛眼裏栽，鐵山當面勢崔嵬。
東西南北無門入，曠劫無明當下灰。

古德十首【幷總】

是何物兮同一質？萬象之中同等匹。
休將心識謾參尋，毘嵐猛風吹海立。

那箇與君同大事？這裏敢言他與自。
一身堅密現諸塵，寂滅光中無漸次。

孰能與我總同參？知識徒勞五十三。
樓閣門前意何限？故鄉猶在海門南。

何人同此一眞智？見得分明還不是。
山自高兮水自深，一理齊平不容易。

是什麽物同遍普？曠大劫來今日覩。
一波纔動萬波隨，何異嬰兒得慈母？

阿那箇是同具足？細草含烟滿山綠。

他鄉看似故鄉看，添得籬根花繞屋。

甚麽物兮同得失？圓明如鏡紅如日。
三箇胡孫夜播錢，天明走盡空狼藉。

作麽生兮同生殺？桃花紅兮李花白。
今年吞却大還丹，到處相逢李八伯。

與誰說法同音吼？飲食語言皆用口。
燕語鶯啼逈不同，芳樹雕梁却知有。

與甚麽人同得入？田父耕鋤女機織。
冷眼看他家事忙，問渠且道承誰力？

由來十智本同眞，語直心精妙入神。
長憶江南三月裏，春風微動水生鱗。

古德
十年海上覓冤讐，不得冤讐不肯休。
芍藥花開菩薩面，椶櫚葉長夜叉頭。

汾陽四句【東山空、東林總、慈明語附】

僧問: “如何是接初機句?” 汾云: “汝是行脚僧。” 空云: “金剛杵打鐵山摧。” 總云: “無底鉢盂光炟赫。” 圓云: “一刀兩段。”

“如何是辨衲僧句?” 汾云: “西方日出卯。” 空云: “嶽陽船子洞庭波。” 總云: “天台楖黑。” 圓云: “寒山、拾得。”

“如何是正令行句?” 汾云: “千里特來呈舊面。” 空云: “夜叉屈膝眼睛黑。” 總云: “戴盆屧履三千里。” 圓云: “來千去萬。”

“如何是定乾坤句?” 汾云: “北俱盧洲長粳米, 食者無嗔亦無喜。”【一作“無貪亦無嗔”。】空云: “經來白馬寺, 僧到赤烏年。” 總云: “人間天上一般春。” 圓云: “天高海濶。”

乃云: “將此四句語, 驗天下衲僧!”【大愚云: “仔細思量, 將此四句, 驗天下衲僧, 却被天下衲僧勘破。” 大慧云: “諸人要識大愚麽? 三年無改於父之道。可謂孝矣。”】

三種師子

浮山圓鑑示衆云: “汾陽有師子句, 其師子有三種, 一超宗異目, 二齊眉共躅, 三影響音聞。若超宗異目, 見過於師, 可爲種草, 方堪傳授; 若齊眉共躅, 見與師齊, 減師半德; 若影響音聞, 野干倚勢, 異類何分? 所以先德付囑云‘若當相見, 切須子細窮勘, 不得鹵莽’, 恐誤後人之印可也。”

汾陽三訣

汾陽示衆云: “汾陽有三訣, 衲僧難辨別。擬議問如何, 拄杖驀頭楔。” 僧問: “如何是三訣?” 師便打, 僧禮拜。汾云: “與汝頌出!”

第一訣, 接引無時節。
巧語不能詮, 雲綻青天月。

第二訣, 舒光辨賢哲。
問答利生心, 拔出眼中楔。

第三訣, 西國胡人說。
濟水過新羅, 北地用邠鋏。

慈明
第一訣, 大地山河泄。
維摩纔點頭, 文殊便饒舌。

第二訣, 展拓看時節。
語默豈相干? 夜半秋天月。

第三訣, 山遠路難涉。
陸地弄舟船, 眼中挑日月。

法昌遇
第一訣, 袖裏三斤鐵。
忽遇病維摩, 提起驀頭楔。

第二訣, 六月滿天雪。
無處避炎蒸, 渾身冷似銕。

第三訣, 八字無兩丿。
胡僧笑點頭, 眼中重著楔。

東山簡
第一訣, 眞卓絶。
手把黃金槌, 敲落天邊月。

第二訣, 難辨別。

琉璃枕上凹, 瑪瑙盤中凸。

第三訣, 最超絶。
花木四時春, 庭臺千古月。

安住京
第一訣, 針頭削鐵。
穿耳胡人, 面門齒缺。

第二訣, 殺人見血。
啞子忍痛, 無處分雪。

第三訣, 陽春白雪。
水底桃花, 山頭明月。

"如何是第一訣?" 古德云: "珊瑚枝枝撑著月。"
"如何是第二訣?" 古德云: "萬里一條銕。"
"如何是第三訣?" 古德云: "百草頭邊俱漏泄。"

汾陽三句

汾陽上堂, 僧出問: "如何是學人著力句?" 汾云: "嘉州打大像。"

"如何是學人轉身句?" 汾云: "陜府灌鐵牛。"

"如何是學人親切句?" 汾云: "西河弄師子。"

又云: "若人會得此三句, 已辨三玄。更有三要語在, 切須薦取!"

翠巖眞答

僧問: "如何是學人著力句?" 巖云: "千日斫柴一日燒。"

"如何是學人轉身句?" 巖云: "一堵牆百堵調。"

"如何是學人親切句?" 巖云: "渾家送上渡頭船。"

汾陽十八問

汾陽云: "大意除實問、默問難辨, 須識來意, 餘者總有時節, 言說淺深相度祇應, 不得妄生穿鑿, 彼此無利益。雖是善因, 而招惡果, 切須子細!"

① 請益問

僧問馬祖: "如何是佛?" 祖云: "即心是佛。" 趙州云: "殿裏底。"

② 呈解問

僧問龍牙: "天不能蓋, 地不能載時如何?" 牙云: "道者合如是。"

③ 察辨問

僧問臨濟: "學人有一問, 在和尙處時如何?" 濟云: "速道, 速道!" 僧擬議, 濟便打。

④ 投機問

僧問天皇: "疑情未息時如何?" 皇云: "守一非眞。"

⑤ 偏僻問

僧問芭蕉: “盡大地是箇眼睛, 乞師指示。” 蕉云: “貧兒遇餿飯!”

⑥ 心行問

僧問興化: “學人皂白未分, 乞師方便。” 化隨聲便打。

⑦ 探拔問

僧問風穴: “不會底人, 爲甚麽不疑?” 穴云: “靈龜行陸地, 爭免曳泥蹤?”

⑧ 不會問

僧問玄沙: “學人乍入叢林, 乞師指示。” 沙云: “汝聞偃溪水聲麽?” 僧云: “聞!” 沙云: “從這裏入!”

⑨ 擎擔問

僧問老宿: “世智、辨聰, 總不要拈出, 還我話頭來。” 宿便打。

⑩ 置問問

僧問雲門: “瞪目不見邊際時如何?” 門云: “鑒!”

⑪ 故問問

僧問首山: “一切衆生, 皆有佛性, 爲甚麽不識?” 山云: “識!”

⑫ 借問問

僧問風穴: “大海有珠, 如何取得?” 穴云: “罔象到時光燦爛, 離婁行處浪滔天。”

⑬ 實問問

僧問三聖: “學人只見和尙是僧, 如何是佛是法?” 聖云: “是佛是法, 汝知之乎?”

⑭ 假問問

僧問徑山: “這箇是殿裏底, 那箇是佛?” 山云: “這箇是殿裏底。”

⑮ 審問問

僧問祖師: “一切諸法, 本來是有, 那箇是無?” 答云: “汝問甚分明, 何勞更問吾?”

⑯ 徵問問

僧問睦州: “祖師西來, 當爲何事?” 州云: “爾道爲何事!”

僧無語, 州便打。

⑰ 明問問

外道問佛: “不問有言、無言。” 世尊良久。道云: “世尊大慈大悲, 開我迷雲, 令我得入。”

⑱ 默問問

外道到佛處, 無言而立。佛云: “甚多!” 外道道云: “世尊大慈大悲, 令我得入。”

“凡有學人偏僻言句, 或蓋覆將來, 辨師家眼目; 或呈知見, 擎頭戴角, 一一試之, 盡皆打得。只爲當面識破, 或貶或褒, 明鏡臨臺, 是何精魅之可現, 何有妖狐能隱本形者也?”

九帶【名法遠】

浮山每於示徒之際, 遍擧宗門語句, 而學者編集, 乞師名之, 師因其類聚, 目之曰佛禪宗教義九帶集, 蓋擬班固九流之作也。

佛正法眼藏帶

夫眞實之理, 證成法身; 照用之功, 作爲報土, 諸佛之本因旣爾, 諸祖之洪範亦然。五部分宗, 萬派之精藍碁布, 一燈分焰, 十方之法席鱗差。

又《華嚴經》云: "如來不出世, 亦無有涅槃。" 昔靈山會上, 世尊以靑蓮目瞬示四衆, 無能領其密意, 惟大迦葉獨領解佛旨。經云: "佛告大迦葉云'吾有正法眼藏、涅槃妙心, 付囑與汝。汝當流布, 勿令斷絶'。"

又臨涅槃告阿難言"十二部經, 汝當流通", 告優波離言"一切戒律, 汝當奉持",【一作'受持'。】付大迦葉偈云:

法本法無法, 無法法亦法。
今付無法時, 法法何曾法?

於是大迦葉，持佛袈裟，於鷄足山中，入寂滅定，待慈氏下生，兩手分付。【古德著語云: "烏棲無影樹，花發不萌枝。四海波濤靜，一輪明月天。"】

大圓智頌

佛正法眼，迦葉親聞。

祖禰不了，殃及兒孫。

大慧杲

迢迢空劫不能拘，佛眼何曾識得渠。

妙體本來無位次，正因那得有規模。

太虛寥廓塵埃淨，智鑑圓明物象殊。

從此華山千古秀，任他潘閬倒騎驢。

佛法藏帶

夫三乘教外，諸祖別傳，萬象之中，逈然獨露。纖塵未泯，阻隔關山，擬議差殊，千生萬劫。三賢未曉，十聖那知？截斷衆流，如何湊泊？聖人曲成萬物而不已，刻雕衆形而無功，而況如來藏乎？

所謂藏者，　該括三世過、現、未來諸佛法藏。　其間有大、小乘，小乘爲聲聞、緣覺，大乘謂菩薩。於中支分爲八，謂三藏、五乘, 其三藏, 謂經、律、論; 五乘, 謂聲聞、緣覺、菩薩而兼攝人、天。

然則教分名數, 依根所立, 而不離一乘。《法華經》曰: "於一乘道, 分別說三。" 又曰: "尙無二乘, 何況有三?" 又曰: "惟此一事實, 餘二則非眞。" 此明依根立權。如《華嚴》說: "如來藏以法界爲體, 如來藏無前後際, 無成壞法, 無修證位, 絶對待義。"

所以文殊偈曰:

一念普觀無量劫, 無去無來亦無住。
如是了知三世事, 超諸方便成十力。

聖人說了義、不了義, 並是依根安立, 諸佛隨宜說法, 意趣難辨。三藏、五乘各有宗旨, 於一乘論, 圓頓、半滿, 並是權立。惟《華嚴》一經, 以法界爲體量, 佛與衆生同一體性, 本無修證, 本無得失, 無煩惱可斷, 無菩提可求, 人與非人, 性相平等。【古德著語云: "掬水月在手, 弄花香滿衣。古澗寒泉涌, 青松雪後蒼。"】

大圓頌
吾佛法藏, 撈摝衆生。

百千三昧, 彈指圓成。

大慧

十方通攝了無遺, 三際全超在此時。
聖號凡名同一舌, 劣形殊相謾多岐。
家家門外長安道, 處處窟中師子兒。
打破淨瓶無一事, 杜鵑啼在落花枝。

理貫帶

夫聲色不到, 語路難詮, 今古歷然, 從來無間。以言顯道, 曲爲今時, 豎拂揚眉, 周遮示誨。天然上士, 豈受提撕? 中下之機, 鉤頭取則, 投機不妙, 過在何人? 更或躊躇, 轉加鈍置。

理貫帶者, 理即正位也, 其正位中, 而無一法空同實際, 其實際理地, 不受一塵。【古德著語云: "衆角雖多, 一麟足矣。動容揚古路, 不墮悄然機。"】

大圓頌

理貫全收, 萬派同流。
毘盧華藏, 物物頭頭。

大慧

眞理何曾立一塵? 呼爲正位早疎親。
烏鷄半夜鳴何處? 枯木花開劫外春。
信手垂慈常利物, 擬心執著已乖眞。
君看鶴樹泥洹日, 曾擧雙趺示衆人。

事貫帶

夫日月照臨不到, 天地覆載不著, 劫火壞時彼常安, 萬法泯時全體露。隨緣不變, 處鬧常寧, 一道恩光, 阿誰無分? 《華嚴經》云: "剎說衆生說, 三世國土一時說。"【古德著語云: "覓火和烟得, 檐泉帶月歸。石長無根樹, 山含不動雲。"】

大圓頌

事貫萬有, 纖塵不漏。
萬象森羅, 全機無咎

大慧

轉處孤危萬事休, 隨緣得旨復何求?
群生造化乘斯力, 一道靈光觸處周。
即事即空無剩法, 全心全佛有來繇。
塡溝塞壑無人會, 可笑騎牛更覓牛。

理事縱橫帶

夫觸目是道, 佛事門中, 絶跡無私, 通貫實際, 圓融事理, 運用雙行。器量堪任, 隨機赴感, 門風露布, 各在當人。建立宗乘, 強生枝節, 出門問路, 指東畫西, 歷劫頑嚚, 如何扣發?【古德著語云: "針鋒頭上翻筋斗, 紅爐焰裏碧波生。猿抱子歸青嶂裏, 鳥啣花落碧巖前。"】

大圓

理事縱橫, 照用齊行。

這邊那邊? 日午三更。

大慧

塵塵實際本和融, 擧體全該事理同。

應物行權無定法, 隨緣立理絶羅籠。

竿頭有路通車馬, 棒下無生觸祖翁。

出沒縱橫全體用, 夕陽西去水流東。

屈曲垂帶

夫垂者, 聖人垂機接物也; 屈曲者, 脫珍御服, 著弊垢衣也。同安云: "權掛垢衣云是佛, 却裝珍御復名誰? 珍御名不出世, 垢衣名出世。" 僧問石門徹和尙: "雲光法師爲甚麼却作牛去?” 徹云: “陋巷不騎金色馬, 回途却著破襴衫。” 聖人成佛後, 却爲菩薩, 導利衆生, 是名不住無爲、不盡有爲矣。文殊師利問維摩詰云: “菩薩云何通達佛道?” 摩詰云: “菩薩行於非道, 是名通達佛道。”【古德著語云: “慈雲普覆無邊際, 枯木無花爭奈何? 宛轉是非從曲直, 箇時消息解通風。”】

大圓頌

屈曲垂慈, 棒喝齊施。
覆藏密旨, 少室靈枝。

大慧

不裝珍御示初機, 出世權披弊垢衣。
細路曲盤連夜過, 故鄕迢遞幾時歸?
垂絲千尺鉤還曲, 利物多方語帶悲。
休論長安風物好, 得便宜是落便宜。

妙叶兼帶

汝州風穴和尙示衆云: “夫參學眼目, 臨機直須大用現前, 莫自拘於小節。設使言前薦得, 猶是滯殼迷封; 縱饒句下精通, 未免觸途狂見。勸汝諸人, 應是從前依他作解, 明昧兩岐, 凡聖疑情, 一時掃却, 直教箇箇如師子兒哮吼一聲。壁立萬仞, 誰敢正眼覷著? 覷著則瞎却渠眼。"【古德著語云: "一句曲含千古韻, 萬重雲散月來初。垂絲千尺, 意在深潭。"】

大圓頌

妙叶眞機, 境物如如。

是凡是聖, 無欠無餘。

大慧

擡搦蹊來作者知, 箇中一字兩頭垂。

同生同死何時曉? 雙放雙收擧世疑。

照膽蟾光沈碧漢, 拍天滄海浸須彌。

聞韶忘味有餘樂, 方識詩人句外奇。

金鍼雙鎖帶

夫鷄足分燈之後, 少林傳芳以來, 各闡玄風, 互興佛事。若憑言詮爲據, 斷滅法門, 更成造作修功, 【一作"更或功行修持"。】平沈先聖。頭頭顯露, 物物明眞, 不用躊躇, 直截便道。【古德著語云: "風吹南岸柳, 雨折北池蓮。白鷺下田千點雪, 黃鸝上樹一枝花。"】

大圓頌

金鍼雙鎖, 全心印可。

有句無句, 千花萬朶。

大慧

突出全機理事玄, 東村王老夜燒錢。

等閑得路明如日, 擧步回頭直似弦。

玄要並行無別語, 機緣纔兆不堪傳。

從來大道無拘束, 信手拈來百事全。

平懷常實帶

洛浦和尙示衆云: “末後一句, 始到牢關, 把斷要津, 不通凡聖。尋常向汝諸人道‘任從天下樂忻忻, 我獨不肯, 何故’。靈龜負圖, 自取喪身之兆。鳳縈金網, 擬趨霄漢以何期? 尋常向汝諸人道‘須於旨外明宗, 莫向言中取則’。所以道‘石人機似汝, 也解唱巴歌。汝若似石人, 雪曲也應和’。僧問南泉‘如何是道’, 泉云‘平常心是道’。如達平常道也, 見山即是山, 見水即是水, 信手拈來草, 無可無不可。設使風來樹動, 浪起船高, 春生夏長, 秋收冬藏, 有何差異? 但得風調雨順, 國泰民安, 邊方寧靜, 君臣道合, 豈在麒麟出現, 鳳凰來儀, 方顯祥瑞哉? 但得理歸其道, 事乃平實, 無聖可求, 無凡可捨, 內外平懷, 泯然自盡。所以諸聖語言, 不離世諦, 隨順世

間, 會則途中受用, 不會則世諦流布。"【古德著語云: "長因送客處, 憶得別家時。"】

大圓頌

平懷常實, 事圓理畢。

露柱燈籠, 無得無失。

大慧

更無回互本圓成, 覿面無私一體平。

水上東山行不住, 火中木馬夜嘶鳴。

人間但見浮雲白, 天外常看列岫横。

若爲平常心是道, 擬心已在鐵圍城。

浮山云: "據圓極法門, 本具十數。今此九帶, 已爲諸人說了也, 更有一帶, 諸人還見麽? 若也見得親切分明, 却請出來說看。說得相應, 則通前九帶, 圓明道眼。若也見不親切, 說不相應, 但依吾語言, 以爲己解, 則名謗法, 無有是處。諸人到此合作麽生?" 衆皆罔措, 師遂叱散。

黃龍三關

南禪師問隆慶閑禪師云: “人人有箇生緣, 上座生緣在什麽處?” 閑云: “早晨喫白粥, 至晚又覺饑。” 又問: “我手何似佛手?” 閑云: “月下弄琵琶。” 又問: “我脚何似驢脚?” 閑云: “鷺鷥立雪非同色。”

黃龍每以此三轉語, 垂問學者, 多不契其旨, 而南州居士潘興嗣延之常問其故, 龍云: “已過關者, 掉臂徑去, 安知有關吏? 從關吏問可否, 此未過關者。” 復自頌云:

我手何似佛手? 禪人直下薦取。
不動干戈道出, 當處超佛越祖。

我脚驢脚並行, 步步踏著無生。
會得雲收月皎, 方知此道縱橫。

生緣有路人皆委, 水母何曾離得蝦?
但得日頭東畔出, 誰能更喫趙州茶?

眞淨文頌

我手何似佛手? 翻覆誰辨好醜。
若是師子之兒, 野干謾爲開口。

我脚何似驢脚? 隱顯千差萬錯。
豁開金剛眼睛, 看取目前善惡。

人人有箇生緣處, 認著依然還失路。
長空雲破月華明, 東西南北從君去。

景福順【蜀人, 嗣南禪師。】

長江雲散水滔滔, 忽爾狂風浪便高。
不識漁家玄妙意, 却於浪裏颭風濤。

南海波斯入大唐, 有人別寶便商量。
或時遇賤或時貴, 日到西峯影漸長。

【黃龍老和尙有箇生緣語, 山僧承嗣伊, 今日爲君擧, 爲君擧猫兒偏解捉老鼠。】

南堂靜【名道輿, 蜀人, 嗣五祖。】

我手何似佛手？爐鞴鉗鎚掃帚。
曾烹紫磨金身，光射七星牛斗。

我脚何似驢脚？白刃紅旗閃爍。
坐斷百戰場中，妙用六韜三略。

人人有箇生緣，視聽俯仰折旋。
頂戴寰中日月，懷藏閫外威權。

圓悟勤
我手何似佛手？隨分拈花折柳。
忽然撞著頭蛇，未免遭他一口。

我脚何似驢脚？趙州石橋略彴。
忽然築起皮毬，崩倒三山五嶽。

人人有箇生緣，蹲身無地鑽研。
若也眼皮迸綻，累他桶底踢穿。

湛堂準
我手佛手，十八十九。

雲散月圓, 癡人夜走。

我脚驢脚, 放過一著。
龐公笊籬, 清平木杓。

人人生緣, 北律南禪。
道吾舞笏, 華亭撐船。

海印信
我手佛手, 誰人不有?
直下分明, 何須狂走?

我脚驢脚, 高低踏著。
雨過苔青, 雲開日爍。

問爾生緣, 處處不疑。
直語心無病, 誰論是與非?

萬菴
我手何似佛手? 不用思前算後。
世間多少癡人, 只是隨人背走。

我脚何似驢脚? 擬議遭他毒藥。
又見白衣拜相, 從前更無官爵。

人人有箇生緣, 桑梓人物駢闐。
借問東隣西舍, 西天十萬八千。

南堂辨驗十問

南堂示衆云:“夫參學至要, 不出箇最初與末後句, 透得過者, 平生事畢。其或未然, 更與爾分作十門, 各用印證, 自心看得, 穩當也未? 一須信有教外別傳; 二須知有教外別傳; 三須會無情說法與有情說法無二; 四須見性如觀掌上, 了了分明, 一一田地穩密; 五須具擇法眼; 六須行鳥道玄路; 七須文武兼濟; 八須摧邪顯正; 九須大機大用; 十須向異類中行。此十門, 諸人還一一得穩當也未? 若只是閉門作活, 獨了自身, 不在此限。若要荷負正宗, 紹隆聖種, 須盡此綱要十門, 方坐得曲彔木牀, 當得天下人禮拜, 可與佛祖爲師。若不到與麼田地, 一向虛頭, 他時異日, 閻家老子未放爾在。有麼大家出來證據, 若無不用久立。”

臨濟門庭

臨濟宗者, 大機大用, 脫羅籠出窠臼, 虎驟龍奔, 星馳電激, 轉天關斡地軸, 負衝天意氣, 用格外提持, 卷舒擒縱, 殺活自在。是故示三玄三要、四賓主、四料揀、金剛王寶劍、踞地師子、探竿影草、一喝不作一喝用、一喝分賓主、照用一時行。

四料揀者, 中下根人來, 奪境不奪法; 中上根人來, 奪境奪法不奪人; 【一作"奪法不奪境", 非。】上上根人來, 人境兩俱奪; 出格人來, 人境俱不奪。

四賓主者, 師家有鼻孔, 名主中主; 學人有鼻孔, 名賓中主; 師家無鼻孔, 名主中賓; 學人無鼻孔, 名賓中賓, 與曹洞賓主不同。

三玄者, 玄中玄、體中玄、句中玄; 三要者, 一玄中具三要, 自是一喝中體攝三玄三要也。

金剛王寶劍者, 一刀揮盡一切情解。

踞地師子者, 發言吐氣, 威勢振立, 百獸恐悚, 衆魔腦裂。

探竿者, 探爾有師承無師承、有鼻孔無鼻孔; 影草者, 欺瞞做賊，看爾見也不見。

一喝分賓主者，一喝中自有賓有主也。

照用一時行者，一喝中自有照有用。

一喝不作一喝用者，一喝中具如是三玄三要、四賓主、四料揀之類。

大約臨濟宗風，不過如此，要識臨濟麼？青天轟霹靂，陸地起波濤。

【山堂淳辨三玄門："臨濟曰'一句語，須具三玄門；一玄門，須具三要。大機大用，其容以句義名數，劈析之邪？諸方問答玄要，亦只言如何是第一、第二、第三'。汾陽偈曰'三玄三要事難分，得意忘言道易親。一句明明該萬像，重陽九日菊花新'。至古塔主始裂，爲體中玄、句中玄、玄中玄，而三要則說之不行，付諸瞞頇而已。此篇說臨濟，門頭戶底則且從至三玄三要，則又墮塔主之覆轍矣，不可不辨。"】

要訣【山堂淳】

大雄正續臨濟綱宗，因問黃蘗西來，痛與烏藤三頓，遂往大愚打發，親揮肋下三拳，言下便見老婆心，懸知佛法無多子。奮奔雷喝，捋猛虎鬚，迸開於赤肉團邊，到處用白拈手段，飛星爆竹，裂石崩崖，氷稜上行，劍刃上走。全機電卷，大用天旋，赤手殺人，單刀直入，人境俱奪，照用並行。明頭來，暗頭來，佛也殺，祖也殺，辨古今於三玄三要，驗龍蛇於一主一賓，透脫羅籠，不存玄解。操金剛王劍，掃除竹木精靈; 奮師子全威, 振群狐心膽, 下梢正法眼藏, 滅却這瞎驢邊, 徹骨徹髓而血脈貫通, 透頂透底而乾坤獨露, 綿綿不漏, 器器相傳。蓋其宗祖高明, 子孫光大, 此臨濟宗也。

古德綱宗頌

橫按鏌鎁烜赫光, 八方全敵謾茫茫。
龍蛇並隱肌鱗脫, 雷雨全施計略荒。
佛祖點爲涓滴響, 江山結抹並芬芳。
回途索莫郊坰遠, 失舶波斯落楚鄉。

增集人天眼目序

迦葉一笑傳心，神光三拜得髓，其時主賓、玄要、偏正、君臣，早已流布支那矣。無柰根有利鈍，機有深淺，聰明者多，見性者少，此五宗諸祖乘時間出，又不得不設爲綱宗法藥以救之耳。然諸祖之過爲隄坊也，良以宗旨不透，則見性不圓，而大法終難明了，曷以眼目人天踞曲彔而稱知識哉?

昔元實參天衣，衣詰以五位奧旨。實曰:“我者裏一位也，無拂袖而去。”衣曰:“者漢確有箇見處，柰不識宗旨何?”翌日入室，衣乞行者五人俱召實上座，實不覺契悟。由是觀之，則宗旨者，誠古今起死回生之一大阿伽陀也，詎非先務乎?

宋晦巖《人天眼目》一集，聯屬五宗分門指授，可謂詳且盡矣。惜乎! 中間半爲强暴所亂，或以三生爲潙仰宗旨，或以六相爲法眼門庭，甚至賓主無洞、濟之分，君臣有配合之謬，釘釘膠黏，堅不可破。五百年得白巖重訂，一奮秦椎，始碎其璧。然亦止於此矣，而元明以下，未經續集，終爲缺典。

余不敏爰取其書，垂加考訂，冗者汰之，乏者增之，盤錯難入者，又從而疏通之，雖不敢號爲大全，較之舊本，頗加詳焉。因付梓以公天下，天下悅而從之，庶可告無憾於諸祖也乎?

時康熙癸未仲冬月望四日，楚蘄泰春沙門仁岹紫琈氏，題於會稽吼山之採菊堂。

智昭和尙 : 송나라 선사

仁岠和尙 : 청나라 선사

성암惺巖 정석태鄭錫胎 : 素譯

유학儒學과 불학佛學의 묘리妙理가 진심眞心을 밝히는 데 있음을 보고, 체증體證의 공부만이 참 공부임을 천명하고, 무릇 공부인은 실심實心의 체인體認이 없으면 허학虛學일 뿐이라고 한다. 저서著書와 논문論文이 수나數多하나, 실익은 옹론甕論이라 하며 여기에 밝히기를 거절하였다. 임제종풍의 번역은 치허菑虛선생의 격운格云에 기대어 번술한 것이라 한다. 성암惺巖은 부산대학교에서 고전번역古典飜譯을 가르치고 있다. 몇 년 후, 은퇴한 뒤, 자기 공부에 자득自得이 있은 연후에 참다이 세상을 향해 글쓰기를 할 것이라 한다.
惺巖의 門人, 金玄草가 猥濫되이 敍述하다.

벽치병수 碧峙病叟 : 절간竊看

禪心四家論(학자원)
禪客(학자원)
등 다수를 짓고 無名陋居한다.

금진서강金津西江 : 감수監修

묘관음사 길상선원 禪院長 주지
출가 후, 사십여 년째, 벽 보며 졸고 있다.
覺察을 여의고, 休歇에 거처한다.

임제종풍 臨濟宗風

2020년 1월 31일 초판 발행

엮은이 : 智昭和尙
중　집 : 仁岠和尙
옮긴이 : 鄭錫胎
교　간 : 碧峙病叟
감수자 : 金津西江
발행인 : 김병환
발행처 : 학자원
주소 : 서울 강동구 천호대로 1121
전화 : 02 6403-1000
팩스 : 02 6338-1001
E-mail : hakjaone@daum.net
등　록 : 2011년 3월 24일 제2011-14호

ISBN 979-11-6247-167-8 93220
값 20,000원